INTERPRETATIONEN

für Schule und Studium

Herausgegeben von
Rupert Hirschenauer und Albrecht Weber

Im gleichen Verlag erscheint
eine neue Reihe unter dem Titel

ANALYSEN ZUR DEUTSCHEN SPRACHE
UND LITERATUR

INTERPRETATIONEN ZU FRANZ KAFKA

DAS URTEIL

Die Verwandlung

Ein Landarzt

Kleine Prosastücke

von Albrecht Weber

Carsten Schlingmann

Gert Kleinschmidt

R. OLDENBOURG VERLAG MÜNCHEN

Die Seitenangaben in Klammern beziehen sich auf „Franz Kafka: Das Urteil und andere Erzählungen", Fischer-Taschenbuch Nr. 19, Frankfurt/M. 1952; zitiert wird nach der Auflage 1966. Die wichtigste, augenblicklich beste, vor allem auch für Schüler erschwingliche Einführung ist Klaus *Wagenbach*, „Kafka in Selbstzeugnissen und Bilddokumenten", rowohlts monographien Nr. 91, Reinbeck bei Hamburg 1964, zitiert als „Wagenbach" nach dem 31.–46. Tausend 1966.

6. Auflage 1976 4 3 2 1 81 80 79 78
Druck und Bindung: Verlagsdruckerei E. Rieder, Schrobenhausen

ISBN 3-486-07116-5

INHALTSVERZEICHNIS

VORWORT
von Albrecht Weber

Interpretationen von Kafkas Erzählungen gehören heute zu den Aufgaben des Lehrers im Deutschunterricht nicht nur der Gymnasialoberstufe. Während das Werk noch Gegenstand intensiver Forschung und kontroverser Auffassungen ist, soll es schon von geklärter Position aus im Unterricht gezeigt und gedeutet werden. Das ist unmöglich, wenn der Lehrer nichts wäre als Zwischenhändler von Ergebnissen, die andere erforscht haben. Es ist aber möglich, wenn er selbst – und sei es nur auf notwendig begrenztem Felde – teilnimmt am Forschen der Germanistik und ihrer Didaktik.

Kafka-Literatur scheint Legion; 5000 Titel etwa nannte die Bibliographie von Harry Järv schon 1961. Und doch behauptete Järv, „daß es nur recht wenige Deutungen gibt, wenn man von den Interpreten absieht, die behaupten, Kafka habe nichts Bestimmtes gemeint und sein Werk habe folglich auch keinen bestimmbaren Gehalt, sondern stelle eine Art abstrakten Unsinn dar – eine Ansicht, die selbstverständlich der Phantasie des Auslegers volle Freiheit läßt"[1]. Dagegen läuft offenbar Max Brod Sturm, wenn er sagt, Kafka gehöre heute zu den berühmtesten, aber auch am meisten mißverstandenen Autoren: „Eine ganze Reihe von Interpreten scheint es sich in den Kopf gesetzt zu haben, ihn fehlzudeuten. Und zwar auf die verschiedenartigste Weise[2]."

Äußerungen über Kafka riskieren immer diese Gefahr, weil Irrtum an sich nicht auszuschließen ist, zumal vor Kafkas verschlossener Welt. Auch die Äußerungen Brods über den Freund und selbst die Kafkas über das eigene Werk sind nicht davor gefeit[3]. Die Selbstinterpretation eines Dichters, wie Hofmannsthals in „Ad me ipsum" oder Rilkes in seinen Briefen, kann wichtige Hinweise geben, aber ihr droht Stilisierung und

[1] Järv; 5 (siehe Lit.verz. S. 138).
[2] Vorwort von Max Brod zu Baumer, Franz Kafka, 7.
[3] dazu Politzer, H.: Franz Kafka, der Künstler, Frankfurt/M. 1965, 40: „Es wird sich sehr empfehlen, beim Gebrauch von Kafkas Lebensdokumenten für die Deutung seiner literarischen Schriften Vorsicht walten zu lassen."

Befangenheit, der Zirkel des Eigenen. Jetzt und zu uns spricht das Werk. Sein Text ist verbindlich. Und was der Dichter vorher wollte und was er hinterher dazu erklärte, tritt zurück hinter dem, was als Text gegeben ist und was bleibt, wenn es als Sprache verwirklicht ist. Noch weiter zurück träten Riten oder Formeln literarischer Gemeinden. Es gilt, immer wieder, so unbefangen und offen wie kritisch und skeptisch dem Wort selbst zu begegnen[4].

Bei den Schwierigkeiten, die Kafka aufgibt, ist es verständlich, daß sich Interpreten an die Notizen in Tagebüchern, Briefen, Gesprächen und Berichten halten. Sie entwerfen eine biographische Situation, der erzählten parallel. Beide verweisen aufeinander, projizieren hinüber, spiegeln zurück, erhellen Gegenseitiges, analog, aber nicht identisch. Denn die biographische Wirklichkeit, das geschichtlich gelebte Leben, ist Franz Kafka (1883 bis 1924), die erzählte Welt ist eine andersartige, eine fiktive Welt, eine eigene neue Wirklichkeit, aufgestiegen zwar aus dem Geiste Kafkas, aber ihn übersteigend und von ihm gelöst. Sie dauert und lebt; Kafka, der Mensch, ist tot. Die Gleichsetzung der biographischen mit der poetischen Wirklichkeit, etwa Georg Bendemann = Franz Kafka[5], führt irre, weil es Metabiographisches bloß auf Biographisches zurückführt, den Zirkel nach rückwärts schließt, anstatt das Werk ins Offene seiner Möglichkeiten zu entlassen. Auch die andere Gleichung, des Helden der Erzählung mit dem Menschen unserer Zeit[6], kann so nicht gestellt werden und geht darum nicht auf[7]. Denn, um das Beispiel nochmals aufzunehmen, Georg Bendemann ist nicht „der Mensch unserer Zeit", den es als solchen überhaupt nicht gibt, aber manche

[4] Politzer, 39: „Kein Wort Kafkas versteht sich aus sich selbst, ruht und erschöpft sich in sich selbst, meint sich selbst, sondern es spannt die Oberfläche über Vorgänge, die undurchschaubar bleiben."

[5] so z. B. Franz Baumer, 107.

[6] Baumer, 108: „. . . weil der Held der Erzählung und mit ihm der Mensch unserer Zeit . . ."

[7] Zu den Gleichungen: Biographie = Dichtwerk = Epoche: H. Politzer, 40: „Schließlich kann man ein Spiegelbild nicht dadurch identifizieren, daß man dem ersten Spiegel einen zweiten entgegenhält." Gibian, 31: „The distinction between a work of fiction and an autobiographical letter is that the literary piece completes and imposes order upon the raw materials of life."

Menschen in dieser Zeit mögen in ihm Züge und Möglichkeiten ihrer eigenen Existenz erkennen. Und diese Selbstdeutung am Bilde der gedichteten Welt kann auch noch verwirren, wenn das Dargestellte nicht genau betrachtet und genügend erfaßt ist[8].

Die Wege interpretierenden Näherns, die in diesem Bändchen beschritten werden, sind nicht gleichförmig, so wenig das die Methoden des Unterrichts sein dürfen. Die knappe, auf Kernstellen zielende Deutung hat ebenso ihr Recht wie die umfassende, alle Schichten aufschließende und Bezüge sichernde, so wie es in der Mathematik den eleganten und den ausführlichen Beweis gibt. Die Aufschließung von der Sprache her, die literaturgeschichtliche Erläuterung und die deskriptive psychologisch-ontologische Entfaltung ergänzen einander. Kein Weg darf ausgeschlossen werden, wenn er geeignet ist, die Strukturen des Werkes zu erhellen. Das ist versucht worden.

---

[8] Lockemann, Fritz: Literaturwissenschaft und literarische Wertung, München 1965, 43: „Fast ausschließlich hat man versucht, seine an der Realität gemessenen befremdenden Figuren und Situationen in begriffliche Aussagen zu übersetzen, wobei es zu verschiedenen, zum Teil einander widersprechenden, Deutungen kommen mußte ... Viele der kleineren Skizzen Kafkas finden zweifellos keine in sich ruhende Gestalt, wo aber novellistische oder romanhafte Ausdehnung eine Durchgestaltung der Menschen und Vorgänge erlaubt, erstehen wesenhaft Gestalten, die auf ihren Sinn nicht hindeuten, sondern ihn enthalten."

DAS URTEIL

interpretiert von Albrecht Weber

Kafkas Situation

„Mein Schreiben handelt von Dir, ich klagte dort ja nur, was ich an Deiner Brust nicht klagen konnte“[1], bekannte Franz Kafka 1919 im „Brief an den Vater“. Er bezog sein Werk auf die innere Auseinandersetzung mit dem Vater, als Antwort seines Wesens auf die Herausforderung jenes anderen Wesens, das ihm fremd war und unlösbar nahe zugleich; der Brief begann mit: „Liebster Vater“. Kafka, ähnlich Goethes Tasso, genötigt und fähig, als Dichtung zu sagen, was er litt, fand im Zögern[2] Raum, Zeit und Mittel zur Darstellung der Klage, die zu weinen an der Brust des Vaters ihm verwehrt war. In dem Zögern gewann er bewußt das Wort, und das Wort bewältigte Welt; denn Kafkas Klage ist die des Daseins, so wie die seines Zeitgefährten Georg Trakl. „Es war ein absichtlich in die Länge gezogener Abschied von Dir ...“, führte Kafka jenen Gedanken fort und betonte, daß er dadurch – durch das Schreiben, durch das Werk, das Raum gewann – des zwanghaften Geschicks Herr werden konnte: „... nur daß er zwar von Dir erzwungen war, aber in der von mir bestimmten Richtung verlief[3].“

Kafka hat den Brief niemals abgeschickt oder übergeben. Er hat später das Manuskript Milena Jesenska überlassen, der er 1920 sehr nahestand. Der „Brief an den Vater“ wurde also in dem Verhältnis zum Vater nicht wirksam, er gehört in die innere Biographie Kafkas, nicht in die äußere; gehört in die Biographie seines Geistes, als eine Dichtung in seine Werke[4]. Man möchte in dem Brief das gewollte Ende jenes „absichtlich in die Länge gezogenen Abschieds“ sehen. Er fiel in die Zeit der dritten Verlobung, der Verlobung mit Julie Wohryzek, nach den beiden vorhergehenden (1914 und 1917) mit Felice Bauer. Kafka kündigte darin, geistig und für sich, die Ab-

1 H 203.
2 Braun 109.
3 H 203.
4 Politzer Letter 179: „... he raised his conflict to the level of literature.“

hängigkeit vom Vater auf, ohne sie doch abzustreifen. Denn der Brief als intensive geistige Auseinandersetzung bedeutet auch Bindung. Der Brief bezeichnet eine Lösung, eine Art Durchbruch, seinen zweiten.

Eine ähnliche Stellung, die des Durchbruchs in die wesenseigene Position, wird der Erzählung „Das Urteil" zugemessen. Als „Durchbruch des Dichters zu der ihm gemäßen Form, die endgültige Freiwerdung eines gewaltigen und in seiner Art unwiederholbaren Erzählgenies" – so bezeichnet Max Brod, Kafkas Freund und Herausgeber der nachgelassenen Werke, die Stellung dieser „Geschichte" im Gesamtwerk[5]. Ebenso spricht Walter Sokel nicht nur von einem „Werk des Durchbruchs, worin er seinen eigenen Ton und visionären Stil gefunden, es war das Werk, das ... allen folgenden größeren Erzählungen und zwei Romanen zugrunde liegt. Sie alle – von der ‚Verwandlung' bis ‚Josefine' stellen eine faszinierende Weiterentwicklung und Modifikation der Motive dar, die wir im ‚Urteil' finden (‚Amerika' ist Antithese und wurde auch schon vor dem ‚Urteil' begonnen)."[6]

Klaus Wagenbach unterstreicht das durch Kafkas Worte selbst: „Auch Kafka hat das Jahr 1912 immer als entscheidenden Wendepunkt angesehen[7]." Die zwanzig Manuskriptseiten des „Urteils" wurden in acht Stunden, in der Nacht vom 22. auf den 23. September 1912 niedergeschrieben. So wie die Erzählung zeitlich auf jener Schwelle des Aufbruchs zur modernen Literatur erschien, so erschien in ihr an der Schwelle von Kafkas innersten Raum jener Schuldkomplex um den Vater – sein vernichtendes Urteil ist das Thema der Erzählung –, den der „Brief an den Vater" sieben Jahre später psychologisch darstellte[8]. Mit dem schriftstellerischen Durchbruch – „Die Verwandlung" folgte bald – zwei Monate später, im Dezember 1912, las Kafka „Das Urteil" öffentlich in Prag, im September 1916 erschien es gedruckt – hob wohl jener „absichtlich in die Länge gezogene Abschied" an, dessen Ende der „Brief an den Vater" umkreist, ohne ihn eigentlich zu enden.

---

5 Brod 131.

6 Sokel 9.

7 Wagenbach 76.

8 Gibian 26.

Beide, „Das Urteil" und der „Brief an den Vater", erschienen an entscheidenden Situationen im Leben Kafkas, sie sind thematisch aufeinander bezogen[9], wenn auch zeitlich und in der Weise ihrer Aussage geschieden und entfernt. Vorsichtig und mit Vorbehalten verwendet, als Parallele oder Analogie, vermag das spätere, der „Brief an den Vater", das frühere Werk, „Das Urteil", erhellen helfen.

Geboren (1883) und aufgewachsen in Prag, aus jüdischer Familie, bezeichnete Kafka Prag als den engen Kreis, der sein Leben einschloß. Der Vater Hermann Kafka, Jude aus der tschechischen Provinz, hatte sich aus dem Prager Ghettoviertel zum wohlsituierten Kurzwarenhändler am Altstädter Ring emporgearbeitet und Julie Löwy, aus deutsch-jüdischem Bürgertum, geheiratet. Die Bediensteten im Geschäft und Haus waren Tschechen, ihre Sprache eigentlich die des Vaters. Franz Kafka beherrschte Tschechisch in Wort und Schrift. Der Vater aber erstrebte den Aufstieg in die Bourgeoisie, in das obere Bürgertum, das in Prag deutsch war. Wie zu Hus' Zeiten vertieften noch die nationalen Unterschiede die sozialen wie ehedem die religiösen. Die Spannungen wuchsen, nach der Niederlage Österreichs 1866 besonders durch die Allslavenkongresse, deren einer 1908 in Prag stattfand. Hermann Kafka wollte ins deutsche Bürgertum aufsteigen, indem er seine Kinder auf deutschen Schulen erziehen ließ.

Schon die Schule schüchterte Franz Kafka ein, er traute sich nicht zu, die Aufnahmeprüfung ins Gymnasium zu bestehen. „Niemals würde ich durch die erste Volksschulklasse kommen, dachte ich", heißt es im „Brief an den Vater", „aber es gelang, ich bekam sogar eine Prämie; aber die Aufnahmeprüfung ins Gymnasium würde ich gewiß nicht bestehen, aber es gelang; aber nun falle ich in der ersten Gymnasialklasse bestimmt durch, nein, ich fiel nicht durch und es gelang immer weiter und weiter. Daraus ergab sich aber keine Zuversicht, im Gegenteil, immer war ich überzeugt – und in Deiner abwesenden Miene hatte ich förmlich den Beweis dafür –, daß, je mehr mir

9 Politzer Letter 165: „. . . seven years after his annus mirabilis 1912 . . . In these two stories he had raised a father's image to almost godlike stature . . ." 172: „The letter gives the blueprint of the underground foundation upon which Kafka erected his work."

gelingt, desto schlimmer es schließlich wird ausgehn müssen. Oft sah ich im Geist die schreckliche Versammlung der Professoren (das Gymnasium ist nur das einheitlichste Beispiel, überall um mich war es aber ähnlich), wie sie, wenn ich die Prima überstanden hatte, also in der Sekunda, wenn ich diese überstanden hatte, also in der Tertia und so weiter zusammenkommen würden, um diesen einzigartigen, himmelschreienden Fall zu untersuchen, wie es mir, dem Unfähigsten und jedenfalls Unwissendsten gelungen war, mich bis hinauf in diese Klasse zu schleichen, die mich, da nun die allgemeine Aufmerksamkeit auf mich gelenkt war, natürlich sofort ausspeien würde zum Jubel aller von diesem Alpdruck befreiten Gerechten. – Mit solchen Vorstellungen zu leben, ist für ein Kind nicht leicht. Was kümmerte mich unter diesen Umständen der Unterricht[10]?" Die alten Sprachen bedeuteten ihm Zuchtruten. Auch die Wahl des juristischen Studiums entsprang reiner Zweckmäßigkeit, wohl auch einem Schuldgefühl gegenüber dem Vater. Der Vierzigjährige stellte es so dar: „Ich wußte: alles wird mir gegenüber der Hauptsache genau so gleichgültig sein, wie alle Lehrgegenstände im Gymnasium, es handelt sich also darum, einen Beruf zu finden, der mir, ohne meine Eitelkeit allzusehr zu verletzen, diese Gleichgültigkeit am ehesten erlaubt. Also war Jus das Selbstverständliche[11]." Diese späte Selbstdarstellung bestätigt ein im Tagebuch niedergeschriebener, nie abgesandter Brief vom 21. August 1913: „Mein Posten ist mir unerträglich", heißt es dort, „weil er meinem einzigen Verlangen und meinem einzigen Beruf, das ist der Literatur, widerspricht. Da ich nichts anderes bin als Literatur und nichts anderes sein kann und will ...[12]." Darum nahm Kafka das Brotstudium an der deutschen Karlsuniversität in Prag auf sich, promovierte 1906 zum Dr. jur., praktizierte ein Jahr, wurde Versicherungsangestellter und arbeitete 1908–1922 als Beamter der Arbeiter-Unfall-Versicherungs-Anstalt des Königreichs Böhmen in Prag. Er hat sich dort für Verbesserungen zugunsten der Arbeiter eingesetzt, vor allem, auch in Artikeln, für die loyale Durchführung des

[10] H 206/7, Sperrung d. Verf.
[11] H 207.
[12] T 318 f.

Arbeiterschutz-Gesetzes, die im argen lag. Er beteiligte sich an einem linksgerichteten Klub. Kafka nahm das auf sich, sein „Manöverleben" – Dienst bis zum frühen Nachmittag, Schlafen, Spazierengehen, Abendessen, Schreiben von elf bis zwei oder drei Uhr morgens –, er nahm es auf sich, um schreiben zu können.

Der arbeitsame, geschäftstüchtige Vater, schimpfend, polternd, grob, ein Haustyrann, fand nie den Weg zum Sohn, und Kafkas „Brief an den Vater" beschrieb rückblickend ausführlich, wenn auch stellenweise wohl überzeichnend, die Haßliebe des Sohns. 1913 hieß es: „Nun, ich lebe in meiner Familie ... fremder als ein Fremder[13]." An dem unseligen Verhältnis war wohl nicht ausschließlich der Vater schuld, aber der Sohn zog sich zurück, entfremdete, war erfüllt von Angst und Schuldgefühl zugleich.

Über Europa ging damals, ein Jahrzehnt vor dem ersten Weltkrieg, bei scheinbarer Stabilität und nur zeitweiligem politischen Wetterleuchten, ein ungeheurer geistiger Umbruch hinweg. Fortschrittsglaube und Kulturpessimismus zerrten am labilen Bewußtsein. Die Wellen dieser geistigen Bewegung schlugen auch nach Prag. Der junge Kafka, gegenüber dem jüdischen Glauben, dem er sich erst später mehr näherte, gleichgültig, wandte sich Darwin und Haeckel zu. Er las Nietzsche und den „Kunstwart", die Zeitschrift in der Nietzschenachfolge, die Avenarius herausgab, wenn auch sein Freund Max Brod ihm darin widersprach. Er las über Schopenhauer und Dostojewskij, las die Tagebücher Hebbels, Byrons, Grillparzers, Gespräche und Briefe Goethes und Grabbes, kannte Hofmannsthals „Gespräche über Gedichte". In einem philosophischen Zirkel gewannen die Gedanken des Philosophen Franz Brentano Einfluß: die Autonomie des Menschen durch das Urteil, das aus rigoroser Selbstanalyse resultiert. Vortrags- und Diskussionsabende im Hause Fanta machten mit Quanten- und Relativitätstheorie bekannt – der junge Einstein lehrte damals in Prag und verkehrte bei Fanta –, erläuterten Freuds Psychoanalyse. Auch den anthroposophischen Gedankengängen Rudolf Steiners näherte sich Kafka vorübergehend.

[13] T 318 f.

Das alles vollzog sich, für einen deutschen Dichter, der Kafka war, auf dem besonderen Boden Prags. 1900 sprachen dort von 450 000 Einwohnern 34 000 deutsch. Die deutsche Oberschicht lebte inselhaft, ohne den Volksboden der Muttersprache. In einem Brief an Milena schrieb Kafka später: „Ich habe niemals unter deutschem Volk gelebt[14]." Das Pragerdeutsch war ein isoliertes Bildungsdeutsch, Papierdeutsch, ständig von Wortschwund bedroht. „Die Armut war die eigentliche Ursache für den verdächtigen Wortreichtum der Prager"[15]: Klaus Wagenbach verweist auf treibhausartige Kompensationserscheinungen in pathetisch-rhetorischem Wortschwall, in der Prätensiösität anderer Prager Schriftsteller, wie Meyrink, Kisch, und er nimmt dabei die jungen Rilke und Werfel nicht aus[16]. Und Wagenbach unterstreicht die doppelte Isolation der Prager Juden, indem er Theodor Herzl zitiert: „Was hatten sie denn getan, die kleinen Juden von Prag, die braven Kaufleute von Prag, die friedlichsten aller friedlichen Bürger? ... In Prag warf man ihnen vor, daß sie keine Tschechen, in Saaz und Eger, daß sie keine Deutschen seien ... Es gab welche, die deutsch sein wollten, da fielen die Tschechen über sie her – und Deutsche auch ...[17]." „Als deutscher Jude im tschechischen Prag lebte Kafka in einem dreifachen Ghetto[18]." Vereinsamung und Fremdheit potenzierte der Vaterkomplex: „Es konnte auch vorkommen, daß Du in einer Sache gar keine Meinung hattest und infolgedessen alle Meinungen, die hinsichtlich der Sache überhaupt möglich waren, ohne Ausnahme falsch sein mußten. Du konntest zum Beispiel auf die Tschechen schimpfen, dann auf die Deutschen, dann auf die Juden, und zwar nicht nur in Auswahl, sondern in jeder Hinsicht, und schließlich blieb niemand mehr übrig

---

14 Br. Milena 22.

15 Wagenbach 56.

16 Peter Demetz (René Rilkes Prager Jahre, Düsseldorf 1953, 79) spricht von „provinzieller Verspätung". Rilke mied Prag sein Leben lang; am 17. 8. 1924 schrieb er an Hermann Pongs: „... Anschluß an jene geistigen Bewegungen zu gewinnen, von denen ich mich in Prag selbst unter besseren Umständen, als die meinigen waren, ziemlich ausgeschlossen glaubte".

17 Herzl, Theodor: Die entschwundenen Zeiten, Wien 1897, zit. nach Wagenbach 50.

18 Politzer 29.

außer Dir[19]." So zeigt später der „Brief an den Vater" die vielschichtige innere Heimatlosigkeit bei engstem Daseinszirkel in Prag[20].

Kafka realisierte diese Situation. Er berauschte sich nicht an unwahrem Wortprunk. Er forderte sich unerbittliche Wahrhaftigkeit ab. Dieser Wille und das dürre Papierdeutsch schufen Kafkas Stil. „Kafkas charakteristischer Purismus, die nüchterne Konstruktion der Sätze und die Wortarmut sind ohne den Hintergrund des Pragerdeutschen nicht denkbar", stellt Wagenbach fest und erweitert: „Das trockene, papierne Pragerdeutsch war unfähig der unmittelbaren Vertrautheit, die die allgemein gesprochene Sprache oder der Dialekt besitzen[21]." Auch der eigenen Sprache verblieb immer ein fremder Rest, neuartig, reizender; Kafka nahm sie darum wörtlicher, bildlicher, assoziativer, bis in die Wortspiele. Schließlich verknappte seine Sprache immer mehr, „vertraute der Macht des einzelnen Wortes in fast gefährlicher Weise"[22].

Kafka warf sich in die Sprache, lebte durch das Schreiben. Die Sprache war ihm Heimat und Zuhause, die Literatur seine Welt: „. . . nichts anderes als Literatur[23]." Kafka verschloß und verkapselte sich, unzufrieden mit sich und der Umwelt, und wiederum zufrieden mit seiner Unzufriedenheit. „Wie lebe ich denn in Prag! Dieses Verlangen nach Menschen, das ich habe, und das sich in Angst verwandelt, wenn es erfüllt wird, findet sich erst in den Ferien zurecht[24]", schrieb er 1912. Mit Max Brod war er nach Oberitalien, Paris und Weimar gereist, bei Max Brod lernte er auch am 13. August 1912 Felice Bauer aus Berlin kennen, sandte ihr am 20. September den ersten Brief. Am 22./23. September schrieb Kafka „Das Urteil" nieder, das er dann Felice Bauer widmete.

Gegenüber Felice überkam ihn Angst vor einer Bindung, die er wollte und nicht wollte, wissend, „daß die Sehnsucht zu schreiben überall das Übergewicht habe[25]", wie er später

[19] H 169.
[20] Politzer Letter 176: „He head been born into a prison, a prison run and represented by his father."
[21] Wagenbach 56.
[22] Wagenbach 57.
[23] T 317.
[24] B 101.
[25] B 392.

sagte. Denn er sah in Felice, in der Frau, das Leben und die Welt. „Die Welt – F. ist ihr Repräsentant – und mein Ich zerreißen in unlösbarem Widerspruch meinen Körper", notierte er im fünften Oktavheft[26], und im vierten Oktavheft stand schon: „Die Frau, noch schärfer ausgedrückt vielleicht, die Ehe ist der Repräsentant des Lebens, mit dem du dich auseinandersetzen sollst[27]."

Wie mit seiner Kindheit, dem Vater und der Schule, hat sich Kafka immer wieder mit den Lebensformen des Menschen auseinandergesetzt. In den Tagebüchern war ihm der Junggeselle zur „typischen Zentralgestalt"[28] herangewachsen, ein „Don Juan der Hilflosigkeit"[29] und „ein Urbild absoluter menschlicher Einsamkeit"[30]. Zugleich wußte er um das Vergebliche dieser Lebensgestalt: „Sisyphus war ein Junggeselle[31]." Denn das Leben und sein Fortgang, damit die Ehe, schienen ihm ebenso notwendig[32]. Kafka war sich immer selbst voraus. Die Begegnung mit Felice Bauer realisierte darum in seinem Geiste sogleich jenen, bisher nur theoretischen Zwiespalt[33]. Indem er Verlobung und Ehe wollte, nahm er auch schon sein Nichtkönnen, sein Versagen vorweg. „Eine Ehe könnte mich nicht ändern", wird es im August 1913 heißen, „ebenso wie mich mein Posten nicht verändern kann[34]." Die Angst vor dem Leben überkam ihn als unmittelbare Wirklichkeit. Und als Kafka 1913 zum erstenmal Kierkegaard las, die rigorose Darstellung der Angst, bekannte er: „Er bestätigt mich wie ein Freund[35]."

In dieser Lage schrieb Kafka „Das Urteil". „In jener Geschichte hängt jeder Satz, jedes Wort, jede – wenn's erlaubt ist – Musik mit der ‚Angst' zusammen, damals brach die Wunde zum erstenmal auf in einer langen Nacht[36]", schrieb er

---

26 H 132.
27 H 118.
28 Politzer 58.
29 Politzer 62.
30 Politzer 67.
31 T 555.
32 Politzer 83.
33 Politzer 82.
34 T 319.
35 T 318.
36 Br. Milena 214.

später rückblickend an Milena. Die Lebenskrise rief den literarischen Durchbruch hervor, in einer Nacht, wie einem Diktat gehorchend. Das dichterische Werk löste das Unlösbare als Gestalt ab, befreite Kafka: „Folgerungen aus dem ‚Urteil' für meinen Fall", notierte er am 14. August 1913. „Ich verdanke die Geschichte auf Umwegen ihr. Georg geht aber an der Braut zugrunde[37]." Kafka verstand sich also ein Jahr nach der Niederschrift als der Überlebende gegenüber Georg, der Hauptgestalt.

Am 23. September 1912 schrieb Franz Kafka in sein Tagebuch[38]: „Diese Geschichte ‚Das Urteil' habe ich in der Nacht vom 22. bis 23. von zehn Uhr abends bis sechs Uhr früh in einem Zug geschrieben. Die vom Sitzen steif gewordenen Beine konnte ich kaum unter dem Schreibtisch hervorziehen. Die fürchterliche Anstrengung und Freude, wie sich die Geschichte vor mir entwickelte, wie ich in einem Gewässer vorwärtskam. Mehrmals in dieser Nacht trug ich mein Gewicht auf dem Rücken. Wie alles gesagt werden kann, wie für alle, für die fremdesten Einfälle ein großes Feuer bereitet ist, in dem sie vergehn und auferstehn. Wie es vor dem Fenster blau wurde. Ein Wagen fuhr. Zwei Männer über die Brücke gingen. Um zwei Uhr schaute ich zum letzten Male auf die Uhr. Wie das Dienstmädchen zum ersten Male durchs Vorzimmer ging, schrieb ich den letzten Satz nieder. Auslöschen der Lampe und Tageshelle. Die leichten Herzschmerzen. Die in der Mitte der Nacht vergehende Müdigkeit. Das zitternde Eintreten ins Zimmer der Schwestern. Vorlesung. Vorher das Sichstrecken vor dem Dienstmädchen und Sagen: ‚Ich habe bis jetzt geschrieben.' Das Aussehen des unberührten Bettes, als sei es jetzt hineingetragen worden. Die bestätigte Überzeugung, daß ich mich mit meinem Romanschreiben in schändlichen Niederungen des Schreibens befinde. N u r s o kann geschrieben werden, nur in einem solchen Zusammenhang, mit solcher vollständiger Öffnung des Leibes und der Seele. Vormittag im Bett. Die immer klaren Augen. Viele während des Schreibens mitgeführte Gefühle, zum Beispiel die Freude, daß ich etwas Schönes für Maxens ‚Arcadia' haben werde, Gedanken an

[37] T 316.
[38] T 293.

Freud natürlich, an einer Stelle an ‚Arnold Beer', an einer anderen an Wassermann, an einer an Werfels ‚Riesin', natürlich auch an meine ‚Die städtische Welt'."

Diese Tagebucheintragung gleich am Tage nach der Niederschrift des „Urteil" betont die Last des Problems und der Krise – „trug ich mein Gewicht auf dem Rücken" – und ihre Tilgung und Auferstehung als Neues im Feuer der dichterischen Gestaltung: „... ein großes Feuer bereitet ist, in dem sie vergehn und auferstehn." Er hatte seinen Stil gefunden, der „ihm erlaubte, die unheilbare Lage ... auszusprechen, ohne doch sein eigenes Wissen um ihre Unheilbarkeit zu verraten"[39]. Kafka bekannte sich sofort zu diesem Neuen: „Nur so kann geschrieben werden." So wurde „Das Urteil" „auch die mir liebste Arbeit", wie er 1916 an seinen Verleger Kurt Wolff schrieb[40], sie ist es ihm geblieben[41], auch als Skepsis über seinen Weg ihn überkam.

Sprache

Der erste Absatz der Erzählung – nur zwei Sätze – entwirft die äußere Situation. Schon der erste Satz, beginnend mit *„Es war"*, versetzt in wenigen Worten in eine gemilderte Märchenstimmung: *„Es war ... Sonntagvormittag ... schönstes Frühjahr."* Feiertäglich – sinnendes Verweilen jenseits des Alltäglichen, Entrücktsein vor das Geoffenbarte, bedachtes Fühlen der Schöpfung, die sich in ihrem hoffnungsvollsten Kleide dartut, scheint über der Stunde zu liegen. Allein der weite Superlativ *„im schönsten Frühjahr"*)* übertönt die vorhergehende engere Zeitbestimmung *„an einem Sonntagvormittag"*, lenkt von besinnlicher Andacht auf die glänzende wiederauferstehende, in unentstellter Schöne fortzeugende Natur. So treten im ersten Satz schon in der zeitlichen Nähe-

---

39 Politzer 87.

40 B 148: „Die Erzählung ist mehr gedichtmäßig als episch, deshalb braucht sie ganz freien Raum um sich, wenn sie sich auswirken soll. Sie ist auch die mir liebste Arbeit, und es war daher immer mein Wunsch, daß sie, wenn möglich, einmal selbständig zur Geltung komme."

41 Sokel 44; Politzer 87.

* Diese und alle weiteren Sperrungen in den Zitaten durch den Verfasser.

rung an das Geschehen die Sphäre der Gedanklichkeit und die Kreatürlichkeit, eine innere und eine äußere Welt in Spannung zueinander. Denn der Satz überläßt diesen Zeitbestimmungen das Sinngewicht. Subjekt und Prädikat beschränken sich auf jenes dürre, nichtssagende, neutrale *„Es war"*, es fehlen Bewegungskraft, Richtung und Ziel. So entsteht durch diesen ersten einstimmenden Akkord so etwas wie das Gefühl eines Vakuums an ordnendem Willen durch den Menschen, die Andeutung auch einer objektiven Spannung.

Dieser erste Satz entwirft einen objektiven, wenn auch hauchdünnen Rahmen um das Geschehen, das schon im folgenden sehr genau und perspektivisch auf die Hauptgestalt einsetzt; er bezieht es in allgemeinere Zusammenhänge. Er korrespondiert darin mit dem letzten Satz der Erzählung: *„In diesem Augenblick ging über die Brücke ein geradezu unendlicher Verkehr"* (18). Der Schlußsatz bindet das zwischen einzelnen Menschen Geschehene an das Allgemeine zurück, auch wenn beides gar nichts miteinander zu tun zu haben scheint, bezieht es auf ein Außermenschliches, Objektives. Ein Mensch ist untergegangen. Aber das Leben, anfangs angedeutet in jenem *„schönsten Frühling"*, braust weiter, fort und fort zeugend, *„ein geradezu unendlicher Verkehr"*, in jenem doppelten Wortsinne[42] des Betriebs auf der Straße und menschlicher Zeugung, im Sinne der lebensspendenden, – entfaltenden und – mitreißenden Kommunikation des Vitalen, die dem Geschehen zwischen diesen beiden Sätzen eben mangelt. Der Bezug auf die naturhafte, vitale Sphäre kontrastiert den Innenvorgang, relativiert ihn scheinbar ins Belanglose. Man denkt an Stifters Schluß im „Hochwald", wo Bäume „die ganze Stelle überwuchsen, so daß wieder die tiefe, jungfräuliche Wildnis entstand, wie sonst und wie sie noch heute ist"[43]. Bei Stifter taucht das Menschliche in die ewigen Ordnungen der Natur zurück, denen es immer eingebettet ist, hier bei Kafka spült das Naturvitale am Menschlichen vorbei, seine Dimension kreuzt die des Menschlichen. Dennoch gibt sich auch hier

[42] Politzer 96 hebt die Doppeldeutigkeit des Wortes Verkehr hervor und verweist auf Max Brod (Franz Kafka 158), zu dem Kafka über diese Stelle gesagt habe: „Ich habe daher an eine starke Ejakulation gedacht."
[43] Stifter, Adalbert: Studien, hrsg. Stefl, Augsburg 1955, 299.

dieser Einzelne dem Fluß, jenem Kreislauf lebensspendenden Wassers[44], entfernt sich ins Elementare, das bleibt, während der Verkehr in den Schleusen künstlicher Gebilde, *„über die Brücke"*, das Fortziehen des Flusses quert. Der das Natürliche querende Verkehr ist nicht nur quantitativ endlos, in dem Adjektiv *„unendlich"* wird ein Qualitatives transparent[45]. Im *„unendlichen Verkehr"* versteckt sich auch der feine Hintersinn eines Verkehrs m i t dem Unendlichen. Und so gibt der Schlußsatz dem menschlichen Untergang einen doppeldeutigen und hintergründigen Ausblick.

Der Rahmen des Anfangs- und Schlußsatzes ordnet in objektivere Bezüge, die einfach da sind, mit oder ohne Anerkennung durch den Menschen. Man kann nicht sagen, „Das Urteil" ließe die elementaren Ordnungen missen.

Der zweite einleitende Satz stellt in jenen allgemeinsten Umriß unmittelbar das genaue Detail. Wir erfahren sofort den Namen Georg Bendemann, sogleich Beruf und Andeutung des Lebensalters *„junger Kaufmann"*, nehmen zur Kenntnis, daß er in seinem *„Privatzimmer"* und nicht im Kontor sitzt, er also zwischen Geschäft und Privat unterscheidet, haben sogar Zeit, uns in den ersten Stock zu versetzen und das Haus als *„niedrig und leichtgebaut"* vorzustellen, eines aus der *„langen Reihe"* am Fluß, eines von den einander so ähnlichen Häusern, die sich kaum, *„f a s t n u r in der Höhe und Färbung unterschieden"*. Die Breite, die unterordnet und Parenthesen einschiebt, scheint langatmig das Unbedeutende einzufangen und festzuhalten. Und der folgende dritte Satz dehnt das Largo über vier Parataxen, einmal von einem parenthetischen Einschub erweitert. Satzbau und Satzrhythmus entsprechen dem Vorgang am *„Sonntagvormittag"*, dem Verschließen des Briefes *„in spielerischer Langsamkeit"* als etwas gleichgültig Konventionellem, dem Aufstützen auf den Ellbogen und dem versonnenen betrachtenden Hinausschauen auf Fluß, Brücke und Anhöhen, der Kontemplation[46]. Der Außenraum ist mit

---

[44] vgl. Anmerkung 47.

[45] Zimmermann deutet dieses „unendlich" „eher" auf den transzendenten Akt der Versöhnung im Liebestod" 206.

[46] Sokel – „Die Atmosphäre ist ganz apollinisch, kontemplativ" (70) – übersieht, daß apollinisch nicht einfach statisch, sondern: klar konturiert im Licht bedeutet und weder auf diese allgemein milden Eindrücke des

den drei Sätzen geschaffen; bis zum Schlußsatz wird er nicht erinnert; er verweilt und ruht.

Der Mensch aber, Georg Bendemann, ist drinnen, er sieht *„aus dem Fenster"*, das Freie draußen wirkt gefahrlos, statisch, harmonisch, ja idyllisch. Im Schlußsatz dagegen ist er draußen, dem Freien ausgesetzt, dem Elementaren überlassen. Die beiden Bilder des Anfangs und des Endes bilden ab, was dazwischen geschah: die Verstoßung aus der Behausung ins Unbehauste, aus der Ge- und Verborgenheit ins Ausgesetzte, aus der Mittelbarkeit ins Unmittelbare, aus der Konvention in die Not der Existenz.

„Georg fühlte sich aus dem Zimmer gejagt . . ." (18); von da an bis zum letzten Wort eilt das Geschehen atemlos dahin, das Tempo hat unerhört zugenommen. Lauteten die Verben im einleitenden Absatz: war, saß, hingezogen, hatte geendet, verschloß, sah, so heißt es von Georg Bendemann jetzt: fühlte sich gejagt, stürzte, trug davon, eilte, überrumpelte, war schon davon, sprang, es trieb ihn, schwang sich, erspähte, ließ sich hinabfallen. Und auch die begegnende Bedienerin hat teil an dieser Bewegung, wenn auch gemessener: sie war im Begriffe hinaufzugehen, rief, verdeckte. Aus der wie teilnahmslosen *„spielerischen Langsamkeit"* ist ein Gehetztsein durch anonyme Mächte geworden – *„trieb e s ihn"* – aus dem distanzierten Schauen, ein Sich-gejagt-Fühlen, ein Gleiten *„wie über eine schiefe Fläche"* (18), aus der Betrachtung ein kaum noch mit den Ohren Wahrnehmen, aus dem Blick ins Horizontale auf Brücke und jenseitige Uferhöhen Sturz und Fall im Vertikalen, aus ästhetischem Ergreifen und Genießen der Welt und ihrer Schönheit zuletzt ein wie weltblindes Sich-Fallenlassen in den Strom des Vergänglichen und des Vergessenseins[47]. Ein seelischer Sturz, ein innerer Strudel reißt Georg Bendemann dahin; denn alle Kräfte des Körpers und des Geistes dienen dem gerichteten Willen zur Vernichtung des Ganzen: *„Er schwang sich"* über das Geländer, diszipliniert

Raumes noch auf diese märchenhaft-träumerische Versonnenheit zutrifft. Die Situation Georg Bendemanns ist nicht apollinisch; ihr fehlt das Durchhellende, die klare Kontur.

[47] Der Fluß – Metapher oder Symbol? – wird allgemein symbolisch verstanden.

und geübt, *„als der ausgezeichnete Turner“*, er *„erspähte“* den Bus, der seinen Fall übertönen und verdecken würde. Es ist eine innere Katastrophe, die überkommt, eine Exekution, exakt ausgeführt durch einen scharfen Verstand und einen trainierten Körper. Georg Bendemann, dem sein Lebenssinn abgesprochen und sein Lebenswille zerbrochen ist, exekutiert sich selbst, hellwaches vorzügliches Instrument der eigenen Vernichtung. Die Gegenbewegung, stärker vorher durch die Bedienerin, ist schwach bezeichnet: *„Schon hielt er das Geländer fest, wie ein Hungriger die Nahrung“* (18). Es hat zunächst durchaus den Anschein, als ob er sich noch einmal ans Leben klammern wolle, indem er das Geländer festhält. Allein die Nahrung seines Hungers nach dem Sinn des Daseins, nach Liebe, ist ihm endgültig entzogen. So hungert er nach Rückkehr ins All. Schon der übernächste Satz sagt: *„Noch hielt er sich mit schwächer werdenden Händen fest ...“* (18). So dient das Geländer weniger als Schutz des Menschlichen vor dem Elementaren, sondern eher als Sprungbrett aus dem geschützten Bereich ins absolut Ungeschützte, ins Absolute, wonach es hungert. Der ins Nichts Getriebene setzt auch äußerlich darüber hinweg. Georg *„ließ sich hinabfallen“* – vom Lockruf der Tiefe ist nicht die Rede.

Eigenartigerweise vollzieht der Satzbau das Gejagtsein, wie es die Verben ausdrücken, nicht voll mit. Von sieben Sätzen sind zwar drei etwas kürzer, aber immer noch 11, 13 und 15 Worte lang, und das sind, gemessen an modernen Filmdialogen oder der eindringlichen Sprache im Religiösen[48], lange Sätze. Allerdings schließen sie zwei oder drei Sätze parataktisch zusammen, aber der Atem des Gedankens und des Sprechens trägt weiter. Ist doch Zeit, in einem Relativsatz den Schlag zu beschreiben, *„mit dem der Vater hinter ihm aufs Bett stürzte“* (18), dann die Treppe als *„schiefe Fläche“* näher zu bezeichnen und noch auszuführen, was die Bedienerin vorhatte, *„die im Begriffe war, hinaufzugehen, um die Wohnung nach der Nacht aufzuräumen“. „‚Jesus!‘, rief sie und verdeckte mit der Schürze das Gesicht ...“* (18). Diese Begegnung scheint noch weniger nötig als jene Beschreibung der Häuser am Fluß. Und doch begegnet auch jetzt wieder das Gewohnte, die

[48] vgl. Meier, Helmut: Deutsche Sprachstatistik, Hildesheim 1964, 224.

erschreckte Konvention ruft es hervor, denn der Sturm des Ausrufs *„Jesus!"* in seiner Tragweite ist weder auf der einen Seite gemeint, noch wird er auf der anderen wahrgenommen, das Wort bleibt ein Ausdruck des Erschreckens, mit dem man das Gesicht verdeckt, um das Unheil nicht zu sehen. Es ist auch noch Zeit, die frühere Jugendzeit in einem Relativsatz und im genauen Plusquamperfekt zu beschwören: *„als der ausgezeichnete Turner, der er in seinen Jugendjahren zum Stolz seiner Eltern gewesen war"* (18) und im nächsten Augenblick die mögliche Leistung eines Omnibus, *„der mit Leichtigkeit seinen Fall übertönen würde"* (18), futurisch-konjunktivisch zu erwägen.

Der äußere Ablauf jagt dahin, zugleich registriert ein überwaches Bewußtsein fieberhaft und minutiös, nicht nur das Augenblickliche, auch das Gewesene, Versunkene, wie jenen *„Stolz der Eltern"* auf ihren Sohn, und das künftig Mögliche, wie das Übertönen des eigenen Falls durch den Bus. Und zuletzt ist dieses überhelle Bewußtsein noch fähig, die Summe der Existenz zu ziehen und zu äußern, und im Fallen ist trotz des *„Verkehrs"* noch Zeit, die *„leisen"* Worte sogar wörtlich zu vernehmen: *„Liebe Eltern, ich habe euch d o c h i m m e r g e l i e b t"* (18).

Die Sprache mit ihren Unterordnungen, ihrem längeren Atem entspricht in den Parataxen zwar dem hastenden Getriebensein, sie entspricht aber mehr dem registrierenden, verzeihenden Bewußtsein, entspricht diesem sicheren und gültiger Ordnung gewissen, sie erneuernden oder gar stiftenden Bekenntnis, entspricht auch jenem Fall ins Bodenlose[49]. Sie verwirklicht die Zwei- oder Dreidimensionalität des Vorgangs: Getriebensein und Wahrnehmen des Details mit Schnitt der Zeitebenen, Fallenlassen und das Aufscheinen letzter Ordnungen[50]. Sie entfaltet die Spannung von außen und innen, von Wille und Bewußtsein, von Scheitern und im Zerbrechen

[49] Sokel 72: „. . . um schließlich in der Katastrophe zu explodieren. Das Apollinische überläßt dem Dionysischen das Feld." Die Diszipliniertheit des Helden und der Prosa schließt hier den Begriff der Explosion aus, die sich eben nach außen zeigen müßte (ex-plodere). Auch das Dionysische trifft nicht zu; wenn Georg Bendemann je, dann ist er hier im Zustand apollinischer Klarheit, ja übersichtiger Schärfe.
[50] Emrich 20.

freiwerdendem Sinn, von Untergang des Einzelnen im Fortgang der Welt. Es ist die Spannung Kafkas. Die Sprache schafft sie, trägt sie und hält sie durch, so bewegt wie kühl, so erregt wie distanziert, karg und konstruiert, von *„charakteristischem Purismus“*[51]. Anfang und Ende der Erzählung verglichen, erweisen, wie Kafka den Zug seiner Sprache wahrt, die am Grunde breit dahinströmt, nur an der Oberfläche steigend beschleunigt, wie von Wirbeln und Sog[52].

Aufbau und Erzählhaltung

Georg Bendemann sitzt also in seinem Privatzimmer und schaut hin über Fluß, Brücke und Anhöhen. Seine Gedanken schweifen hinaus.

Der Gedanke geht von Georg Bendemann aus, auch syntaktisch gebunden an den, der ihn denkt: *„Er dachte darüber nach, wie ...“* (7) Dann gewinnt die Vorstellung etwas mehr Selbständigkeit – *„Nun betrieb er ...“* – jetzt aber gebunden an den Freund: *„... wie der Freund ... klagte“*. Dann scheint der Gedanke selbständig zu werden – *„So arbeitete er sich ...“* – zur erlebten Rede überzugehen, aber der folgende Satz stellt nochmals die Abhängigkeit her: *„Wie er erzählte, hatte er keine rechte Verbindung ...“* Das dreimalige Wie verknüpft loser, konjunktivischer als ein feststellender Daß-Satz, ein Als-ob schwingt in den Gedanken mit. Ein Medium der Ferne schiebt sich dazwischen.

An dem leicht unscharfen Bild entzündet sich die Reflexion. *„Was wollte man einem solchen Manne schreiben ... Sollte man ihm vielleicht raten ...?“* (7) Der Gedanke ist jetzt selbständig geworden. Während der Körper ruht und das körperliche Auge hinausschaut, ergreift das geistige die nahestehen-

---

51 Wagenbach 49.

52 Man kann Sokel mit Einschränkung zustimmen, wenn er von „der Umkehrung der Erzählung vom statisch-reflektierenden Anfang zum dynamisch-dramatischen Ton des Endes“ (71) spricht. Formulierungen wie: „apollinisch-dionysische Kontrapunktik in dieser echten Erstlingstragödie Kafkas“ (71) oder: „... eine Tragödie, die dem Begriff der dionysischen Tragödie bei Nietzsche im wesentlichen entspricht“ (70), können nur als problematische Thesen notiert werden.

den Menschen, ihre Verhältnisse und deren Veränderungen: den Freund, die Braut, den Vater. Es denkt in Georg Bendemann, und das wiederholte „man" bestätigt den unpersönlichen Charakter dieses Denkens. *„Aus diesen Gründen konnte man ihm, wenn man noch überhaupt die briefliche Verbindung aufrechterhalten wollte, keine eigentlichen Mitteilungen machen, wie man sie ohne Scheu auch den entferntesten Bekannten machen würde. Der Freund war nun schon über drei Jahre nicht in der Heimat gewesen ..."* (8). Und die Reflexion geht ihren eigenen Weg, ein innerer Bericht im Imperfekt als erlebte Rede, zu Geschäft, Vater und Braut, immer wieder auf den Freund bezogen. So erinnert sie ein Gespräch mit der Braut über den Freund, das durch wörtliche Rede ganz gegenwärtig wird: *„‚Er wird also gar nicht zu unserer Hochzeit kommen', sagte sie ... ‚Ich will ihn nicht stören', antwortete Georg ..."* (9). Der Dialog wird dann noch unmittelbarer, verzichtet auf *„sagte" und „antwortete"*, bis der Entschluß zum Briefe berichtet wird – *„hielt er es wirklich für unverfänglich, dem Freund alles zu schreiben"*. (10) Der Freund ist ins anonyme Man zurückgesunken, die Braut ist gegenwärtig, wie die wörtliche Rede vergegenwärtigt. Die Rückblende durch die Gedanken Georgs, des Briefschreibers, wird steigend gegenwärtiger, lenkt zum Ich zurück. Das langvergangene Selbstgespräch, der gewesene monologue intérieur, erscheint jetzt als wörtliche Rede, im Präsens: *„‚So bin ich und so hat er mich hinzunehmen', sagte er sich ..."* (10), wobei das Imperfekt eigentlich ein Plusquamperfekt verkürzt, das Vorvergangene dadurch in die präteritale Erzählzeit des auktorialen Erzählers hereingezogen wird. Die Rückblende, ganz in moderner Erzähltechnik, verwischt, was war und was ist; was war, ist jetzt und nötigt zu dem Brief, der ja schon beendet und verschlossen ist. *„Und tatsächlich"*, als ob eine überraschende Neuigkeit erst zu entdecken wäre, setzt der nächste Absatz ein, *„berichtete er seinem Freunde in dem langen Brief, den er an diesem Sonntagvormittag schrieb ..."* (10). Dann folgt der Briefschluß, die Mitteilung von Georgs Verlobung, im Wortlaut: *„Die beste Neuigkeit habe ich mir bis zum Schluß aufgespart ..."* (10).

Wir sind wieder beim Brief, der zwar schon zugeklebt ist,

aber im Medium der Reflexion transparent wird in Inhalt und Vorgeschichte. Während Georg Bendemann ihn in der Hand hält, gingen die fixierten Buchstaben nochmals den Weg ihrer Entstehung. Was aus den Gedanken über Hand und Feder aufs Papier geflossen war, bevor die Erzählung einsetzte, floß während des Schauens sozusagen zurück vom Brief über die Hand in die Gedanken, an denen wir teilnehmen. Der Bogen kehrt zum Ausgangspunkt zurück: *„Mit diesem Brief in der Hand war Georg lange, das Gesicht dem Fenster zugekehrt, an seinem Schreibtisch gesessen."* (11)

Die Situation ist jetzt wieder reines Berichten, unreflektiert, wie am Eingang. Der Erzähler distanziert auch zeitlich (im Plusquamperfekt). Er stellt nochmals den Schwebezustand geistiger Abwesenheit an Georg Bendemann fest: *„Einem Bekannten, der ihn im Vorübergehen von der Gasse aus gegrüßt hatte, hatte er kaum mit einem abwesenden Lächeln geantwortet."* (11) So kehrt die verweilende, innen und außen beschauliche Situation zum Erzählbericht zurück, indem sie am *„abwesenden Lächeln"* sichtbar wird und zugleich vergeht. Die erste Szene der Handlung (7 bis 11 = 4 Seiten), die Exposition, schließt in sich stimmig. Mit *„Endlich steckte er den Brief in die Tasche und ging aus seinem Zimmer ..."* (11). hebt eine neue an.

Die zweite Szene spielt im Zimmer des Vaters. Es liegt nach hinten, dunkel, beschattet von der *„hohen Mauer, die sich jenseits des schmalen Hofes erhob"* (11). Im fehlt die Aussicht, die Georgs *„Privatzimmer"* besitzt und die zum Schweifen der Augen und Gedanken einlädt. Das Fenster war dort Ausfallpforte; die Metapher kehrt wieder.

In der „Verwandlung" „scheut er (Gregor Samsa als verwandelter Käfer) nicht die große Mühe, einen Sessel zum Fenster zu schieben, dann die Fensterbrüstung hinaufzukriechen und, in den Sessel gestemmt, sich ans Fenster zu lehnen, offenbar nur in irgendeiner Erinnerung an das Befreiende, das früher für ihn darin gelegen war, aus dem Fenster zu schauen" (44). Und schon in der frühen Prosaskizze „Das Gassenfenster" hieß es: „Wer verlassen lebt und sich doch hie und da anschließen möchte, wer mit Rücksicht auf die Veränderung der Tageszeit, der Witterung, der Berufsverhältnisse und dergleichen ohne weiteres irgendeinen beliebigen Arm sehen will, an dem er sich halten könnte – der wird es ohne ein Gassenfenster nicht lange treiben[53]." Ja, sogar ein Mensch, ein Studienfreund wie Oskar Pollak, konnte für Kafka zum Fenster werden: „Du warst, neben vielem anderen, auch etwas wie ein Fenster für mich, durch das ich auf die Gassen sehen konnte. Allein konnte ich das nicht ...[54]."

In seinem *„Privatzimmer"* hat also Georg das Fenster, die Aussicht, die Kommunikation, hat auch den Freund, im übertragenen Sinne, als „Fenster": die weitere Sicht, das Medium der Mitteilung des Fernsten. Der Vater hat das nicht. Sein Fenster ist verbaut. Auch im übertragenen Sinne fehlt ihm das „Fenster" in der Person des Sohnes, der seit langem wieder einmal *„das Zimmer seines Vaters (betritt), in dem er schon seit Monaten nicht gewesen war"* (11), so lange, daß ihm das Dunkel neu erscheint. *„Georg staunte darüber, wie dunkel das Zimmer seines Vaters selbst an diesem sonnigen Vormittag war"* (11). Der Erzähler berichtet kurz, warum Georg so lange nicht in des Vaters Zimmer gewesen war. Dann wendet er sich wieder dem Raum zu: der Vater *„beim Fenster in einer Ecke"*, nahe den *„Andenken an die selige Mutter"*, des schlechten Lichtes wegen *„eine Zeitung seitlich vor die Augen"* (11) haltend, von der sich herausstellen wird, daß sie so alt ist, daß Georg den Namen schon gar nicht mehr kennt (17). Ein Blick auf den Tisch vervollständigt den Raum des Vaters: *„Auf dem Tisch standen die Reste des Frühstücks, von dem nicht viel verzehrt zu sein schien"* (11).

Der Vater schaut nicht durchs Fenster, lebt ohne Aussicht, ohne Kommunikation, ohne Gegenwart, unter Resten, rückwärts gewandt in die Vergangenheit, *mit „zahnlosem Mund"* (12), fast unter Verzicht auf Nahrung zu gegenwärtigem Existieren. Er lebt wie in der „Dunkelheit eines Gefängnisses oder Grabes"[55]. Im Raum des Vaters, im *„Hinterzimmer"* (16) aber sind Dinge, die der des Sohnes peinlich entbehrt. Vielleicht rührt daher jene *„spielerische Langsamkeit"* und die Betonung des *„Privatzimmers"*, um die Langeweile zu über-

[53] E 43.
[54] B 20.
[55] Politzer 90.

tönen. „Jeder Mensch trägt ein Zimmer in sich“[56], lesen wir in dem ersten Oktavheft Kafkas. Raum und Person sind identisch[57]. Georg hat im Hinterzimmer des Vaters ein Anderes, Dunkles, lange Unbetretenes betreten[58].

Der Sohn stellt vor dem Vater die Lichtlosigkeit des Zimmers fest, aber noch ohne Folgerung. Dann eröffnet er dem Vater, daß er nach Petersburg an den Freund geschrieben habe, weicht auf die Einwände des Vaters wieder auf das Zimmer aus, schlägt einen Zimmertausch zwischen beiden vor, will den Vater zunächst zu Bett bringen, widerlegt ausführlich dessen weitere Einwände, wobei er ihn auszieht. Die Szene steigt von der Beschreibung des Zimmers über Georgs Fühlen *(„staunte“)*, also aus Georgs Perspektive, zum Gespräch in wörtlicher Rede an, in dem er offensichtlich den überlegenen Part spielt. Georg handelt. *„Doch jetzt entschloß er sich kurz mit aller Bestimmtheit, den Vater in seinen künftigen Haushalt mitzunehmen“* (14). So wie Georg handelte, indem er ins Zimmer seines Vaters ging, so handelt er jetzt, indem er ihn zu Bett bringt: *„Auf seinen Armen trug er den Vater ins Bett“* (14). Beide Momente werden unreflektiert im Erzählpräteritum gegeben.

Auch nach dieser Szene, die nicht ohne Spannungen verlief, klingt ein Fermate nach: *„Kaum war er im Bett, schien alles gut“* (14). Die Bewegung scheint auch diesmal in den Ausgangspunkt zurückzukehren. Allein, diese zweite Szene (S. 11 bis 14 = 4 Seiten) hat schon des Dialoges und der sanften Gewalt des handelnden Sohnes wegen an Dichte und Tempo, also an dramatischer Beschleunigung zugenommen[59]. Wie Räume und Erzählformen zeigen, spitzt sich eine Krise zu, die in der ersten Szene nur verborgen spürbar wurde, die aber scheinbar – ganz wörtlich – beigelegt wird.

Doch es ist nur s c h e i n bar alles gut. Es ist Stille vor dem Sturm. Der wird ausgelöst von der zweimaligen provozierenden Frage des Vaters: *„Bin ich gut zugedeckt?“* (15) Und daraus geschieht orkanartig der Ausbruch zum „Furioso“: *„‚Nein!‘ rief der Vater, daß die Antwort an die Frage stieß . . .“* (15).

---

[56] H 55.
[57] White 217.
[58] Politzer 89.
[59] Politzer 99.

Dieses Nein schneidet wie ein Messer in die Handlung, zerschneidet alles, was der Sohn zuerst gedanklich zurechtgelegt, dann beschwichtigend getan hat. Der Ausruf verneint das Bisherige ganz und gar. Und auf dieses kategorische, imperativische Nein bleibt die Szene gestimmt, steigert es noch in unerhörter Weise. Zwanzig Rufzeichen bringt der Erzähler in den Reden des Vaters an, in deren Verlauf die Fragezeichen mehr und mehr zurücktreten. Und zuletzt trifft die Konzentration und höchste Stufe alles dessen, der Rufcharakter der Szene wird auch akustisch noch gesteigert: *„Und l a u t e r: ‚Jetzt weißt du also, was es noch außer dir gab, bisher wußtest du nur von dir! Ein unschuldiges Kind warst du ja eigentlich, aber noch eigentlicher warst du ein teuflischer Mensch! – Und darum wisse: Ich verurteile dich jetzt zum Tode des Ertrinkens!'"* (18).

Drei Rufzeichen ballen sich hier, obwohl eigentlich nur der letzte Satz grammatikalisch ein Imperativsatz ist. Aber auch die vorhergehenden sind imperativisch, sind *„lauter"* gesprochen: sie versperren apodiktisch jede Antwort, Verteidigung, Diskussion, sie brandmarken, sie herrschen unbedingt durch gewaltige Intensität, die sich auch in Lautstärke kundgibt. Das ist nicht einmal ein „Verhör"[60].

Mit drei Rufzeichen, drei Keulenschlägen gleich, zerschmettert der Vater geistig den Sohn. Dem sind aber, wie gesagt, bereits 17 Rufsätze des Vaters vorausgegangen. In der zweiten Szene fielen dem Vater 22 Sätze zu, dem Sohn dagegen 43, das Doppelte also, wovon er einen nur zu sich sprach: *„‚Mein Vater ist noch immer ein Riese', sagte sich Georg"* (11). Jetzt aber bleiben ihm nur 7 Sätze, und davon sind zwei nur Wortausrufe *(„Kommödiant" 16, „Zehntausendmal" 17)* und einen spricht er zu sich selbst: *„‚Sogar im Hemd hat er Taschen!' sagte sich Georg und glaubte ..."* (17). Der Vater dagegen nimmt sich jetzt 48 meist lange Sätze, also das Siebenfache, und darunter sind noch acht besonders lange mit je 25, 35, 64, 29, 32, 31, 36, 36 Wörtern, während Georg nur einige Einwürfe wagt. Das wahre Verhältnis der Gewichte ist also noch viel einseitiger zugunsten des Vaters verlagert, vielleicht 15 oder 20

[60] so Zimmermann 193.

zu 1. Jetzt redet der Vater, allein oder fast allein; er hat das Wort. Die Rollen sind vertauscht.

Der Erzähler scheint innerlich beteiligt, ohne daß er die Distanz des auktorialen Erzählens verläßt. Nirgends nimmt er Partei, nirgends gibt er ein Zeichen der Billigung oder Mißbilligung, nirgends ein Wort der Freude, des Mitleids oder der Trauer. Scheinbar unberührt erzählt er einen objektiven Ablauf. Aber die höchste und letzte Auseinandersetzung, nach der Vater und Sohn fallen, geschieht doch nicht in Satzfetzen, sondern selbst die Erregung des Vaters vollzieht sich noch in sehr breitem Satzatem, wenn auch vorwiegend parataktisch. Das, was vorgeht, wird zweifellos gemildert und gebremst dadurch, wie es gesagt ist.

Und doch ist der Erzähler, äußerlich kühl und distanziert, innerlich ungeheuer beteiligt. Er verläßt nicht die Perspektive Georg Bendemanns, ohne schon dessen Standpunkt zu teilen[61]. Vom Vater erfahren wir keine Gedanken und keine Gefühle, und wenn es von ihm heißt: „*Er sah nicht unfreundlich zu Georg hinauf*“ (14) oder „*mitleidig sagte der Vater nebenbei*“ (17), so wäre das an Ton und Miene wahrnehmbar. Den Vater sehen wir von außen, Georg von innen. Wir denken seine Gedanken mit, kennen die Bemerkungen, die er zu sich selbst macht. Das Bild des aufgerichteten Vaters ist vor allem oder ausschließlich für Georg ein „*Schreckbild*“ (15), wie er für ihn „*noch immer ein Riese*“ war. Und dann sind die Gedanken da, scheinbar objektiv berichtet, aber es sind Georgs Gedanken und Assoziationen, die uns im Gewande des Objektiven, als erlebte Rede, begegnen: „*Der Petersburger Freund, den der Vater plötzlich so gut kannte, ergriff ihn wie noch nie. Verloren im weiten Rußland sah er ihn. An der Türe des leeren, ausgeraubten Geschäftes sah er ihn. Zwischen den Trümmern der Regale, den zerfetzten Waren, den fallenden Gasarmen stand er gerade noch. Warum hatte er so weit wegfahren müssen!*“ (15). Diese Sätze erfüllt innere Leidenschaft: das hellsichtige Schauen, die Fernsicht, die Todesvision in der Spitzenstellung des Bedeutenden: Petersburger Freund, verloren, an der Türe, zwischen den Trümmern, warum – das wiederholende „*sah er ihn*“, der Ausruf in Gedanken. Mit-

[61] Haeger 369; Henel 259; Sokel Erzählperspektive 269.

fühlen und Miterleben des Erzählers mit seiner Hauptfigur liegt in solcher Passage nahe.

Was Georg innerlich erfährt und denkt in dieser Szene, ist dem Einblick offen. „*Vor einer langen Weile hatte er sich fest entschlossen, alles vollkommen genau zu beobachten, damit er nicht irgendwie auf Umwegen, von hinten her, von oben herab überrascht werden könne. Jetzt erinnerte er sich wieder an den längst vergessenen Entschluß und vergaß ihn, wie man einen kurzen Faden durch ein Nadelöhr zieht*“ (16). „*Jetzt wird er sich vorbeugen, dachte Georg, wenn er fiele und zerschmetterte! Dieses Wort durchzischte seinen Kopf*“ (16). „*‚Sogar im Hemd hat er Taschen!‘ sagte sich Georg und glaubte, er könne ihn mit dieser Bemerkung in der ganzen Welt unmöglich machen. Nur einen Augenblick dachte er das, denn immerfort vergaß er alles*“ (17).

Wir blicken also allein in das Denken Georgs, genauer in die Auflösung seines Denkens, das sich entschließt, vergißt, erinnert, vergißt – ein zu „*kurzer Faden*“ – das „*durchzischt*“ wie ein Meteor, augenblicklich noch denkt und schon und immerfort vergißt. Wille, Konzentration und Kontinuität der geistigen Gestalt zerfallen, die „*wie im Nachhang*“ spricht und „*ganz verloren*“ (11) den Bewegungen des Vaters folgt. Die innere Person ist zerbröckelt, der Widerstand zermürbt.

Der Erzähler ist innerlich beteiligt, wenn er dem Vater die stärkeren rhetorischen Waffen zuschiebt. Da fordert der Vater das Wortspiel mit dem Doppelsinn von „*zugedeckt*“ heraus und schlachtet es aus, bis aus der Bettdecke der „*Hintern*“ geworden ist, mit dem der Sohn auf ihm sitzt, ihn zudeckt (15). Da ereifert er sich gegen die Braut ausfällig: „*Weil sie die Röcke gehoben hat ... weil sie die Röcke so gehoben hat ... weil sie die Röcke so und so gehoben hat ...*“ (17/18). Er kann sich gar nicht genugtun, muß es dreimal steigernd „*flöten*“ (18), muß es gar, selbst im Hemd, darstellen. Er beschimpft die Braut als „*widerliche Gans*“, an die sich der Sohn „*herangemacht*“ habe, um sich zu „*befriedigen*“ (18). Sagt er die tiefere Wahrheit oder offenbart er ruhelose Eifersucht? Und der Vorwurf bezieht Mutter, Freund und Vater, ihn selbst, ein; nur der Befriedigung seiner Lüsternheit wegen habe der Sohn sie aufgegeben: „*... und damit du ohne Stö-*

rung dich befriedigen kannst, hast du unserer Mutter Andenken geschändet, den Freund verraten und deinen Vater ins Bett gesteckt ...“ (18). Und er türmt nochmals die Vorwürfe des Versäumnisses gegenüber den nächsten Menschen: *„Die Mutter mußte sterben ..., der Freund geht zugrunde in seinem Rußland ... und ich, du siehst ja, wie es mit mir steht ...“* (17). Die Mutter, der Freund und ich: Das Ich des Vaters dominiert, während in der ersten Szene das Ich des Sohnes Ziel und letzte Auskunft war.

Der Vater bedient sich massiver Rhetorik zu massiven Vorwürfen. Die Übersteigerung seiner sprachlichen Mittel spricht ebensowenig für die Gerechtigkeit und Sicherheit seiner Sache wie der erniedrigende Ausdruck, wie überhaupt die unduldsame Weise. Die Hast, mit der die zerschmetternde Schwere der Anklage imperativisch ausgespielt wird, scheint verdächtig. Der Beklagte wird nicht gehört. Der Vater gibt sich nach Haltung und Sprache als einzige und letzte Instanz, Ankläger und Richter in einer Person.

In diesem Sinne können wir verstehen, wenn man vom Vater als Verkörperung des Absoluten spricht[62]. Aber das Auftreten des Vaters, die übersteigerten Mittel seiner Darstellung, machen uns bedenklich, in ihm das Absolute verkörpert zu sehen, das Gesetz, von dem wir natürliche Überlegenheit, Allmacht, darum Gelassenheit und Maß erwarten. Es sei denn, wir verständen darunter auch das Maßlose, die aufwühlende Sturmflut, den zerstörenden Orkan, ein so elementar Unbedingtes, das die Form der Erscheinung gar nicht beachtet, nur ihre Wirkung, also ein Unmenschliches.

Das träfe insofern zu, als Kafka wiederum nur Georg – weiteres Zeichen seiner perspektivischen Teilhabe – die Ironie zuweist: den Versuch, sich vom Erhabenen oder Übermächtigen durch Spott zu distanzieren und zu befreien. So ruft er *„Kommödiant!“* (16), aber der Spott schlägt sofort zurück: *„... erkannte sofort den Schaden und biß, nur zu spät – die Augen erstarrt –, in seine Zunge, daß er vor Schmerz einknickte“* (16). Er verbessert des Vaters *„,Er weiß alles tausendmal besser!'“* zu *„,Zehntausendmal!' ... um den Vater zu ver-*

---

62 White 241, 224, so etwa auch Baumer 107, Edel 221, Sokel 59, Politzer 100, Zimmermann 193.

lachen ...", doch sofort wendet sich der Spott um: „*... aber noch in seinem Munde bekam das Wort einen todernsten Klang*" (17).Er bespöttelt für sich, als der Vater, im Hemd dastehend, das unzutreffende Bild braucht, „*deine Kundschaft habe ich hier in der Tasche!' ‚Sogar im Hemd hat er Taschen!' sagte sich Georg und glaubte, er könne ihn mit dieser Bemerkung in der ganzen Welt unmöglich machen*" (17). Dieser Glaube eines Augenblicks wird sogleich vom Vergessen weggewischt, so schwach ist er, und als Georg dann „*Grimassen machte, als glaube er das nicht, nickte der Vater bloß, die Wahrheit dessen, was er sagte, beteuernd ...*" (17). Die Ironie geht fehl, der Spott versagt, der menschliche Befreiungsversuch vor dem Übermächtigen, vielleicht Absoluten, mißlingt. Und den endlichen Vorwurf – „*Du hast mir also aufgelauert!*" (17), schiebt der Vater „*mitleidig*" „*nebenbei*" (17) weg.

Die Ironie des Sohnes erreicht den Vater nicht, doch die Ironie des auktorialen Erzählers. Man kann das Aufspringen des alten zahnlosen, verschmutzten Mannes im Bett und sein selbstermächtigtes Gericht, hochaufgerichtet im Hemd, als bittere, tragische Groteske[63] empfinden, so das Heben des Hemdes, Freistehen und Werfen der Beine. Und wenn es dazu sogleich im distanzierten Erzählton heißt: „*Er strahlte vor Einsicht*" (16), dürfte damit zwar Helle der Erkenntnis, Wissen und Durchschauen der Hintergründe aus dem Blickwinkel des Vaters gemeint sein, aber eben auch die Blindheit vor dem Unmaß seiner Rede und gegenüber dem der eigenen Lächerlichkeit ironisiert sein. Ähnlich wirkt auch die Feststellung: „*Seinen Arm schwenkte er vor Begeisterung über dem Kopf*" (17). So wäre denn das Absolute blind in sich, das Lächerliche die Kehrseite seiner „*todernsten*" Erscheinung. Absolutes, im Medium des Menschen gebrochen, ist grotesk.

Das Beteiligtsein des Erzählers an der Auseinandersetzung erhellt auch aus der Steigerung dieser Szene. Die Provokation aus der scheinbaren Ruhe durch und zu dem Wortspiel mit „*zugedeckt*" haben wir schon beachtet, auch die rhetorische Häufung des Vorwurfs. Zum Urteil selbst hin wird ebenfalls schrittweise gesteigert. Zuerst wird das Ende einfach vorweggenommen: „*Sag – und für den Augenblick der Antwort sei du*

[63] so Zimmermann 192, Politzer 99.

noch mein lebender Sohn –" (16). Lediglich eine Gnadenfrist ist noch zugebilligt, um Rede und Antwort zu stehen. Dann folgt der Verzicht auf des Sohnes Beistand: *„Bleib wo du bist, ich brauche dich nicht!"* (16). Dann folgt jene Annäherung an die Vorstellung vom Jüngsten Gericht: *„... deine Briefe zerknüllt er ungelesen in der linken Hand, während er in der rechten meine Briefe zum Lesen sich vorhält"* (17). Dann folgt der so vorbereitete Spruch selbst, scharf in zwei antithetischen Schritten gesteigert. *„Jetzt weißt du also ..., bisher wußtest du nur ... Ein unschuldiges Kind ... eigentlich, aber noch eigentlicher ... ein teuflischer Mensch."* Dann folgt der letzte Stoß ins Bewußtsein: *„Und darum wisse: Ich verurteile dich ..."* (18).

Die Szene entfaltet einen dramatischen Vorgang. Und die mimischen Mittel sind wie in Regieanweisungen eines Dramas eingesetzt. Der Vater liegt im Bett und *„sah nicht unfreundlich zu Georg hinauf"* (14), dann verkehrt er jäh die Position aus der Horizontalen in die Vertikale, steht hochaufgerichtet auf dem Bett und *„Georg sah zum Schreckbild des Vaters auf"* (15)[64]. Der Sohn überwindet nicht mehr die Entfernung zum Vater: *„... und Georg lief, fast zerstreut, zum Bett, um alles zu fassen, stockte aber in der Mitte des Weges"* (15). Der Abstand vom Vater ist unendlich, gerade im Zimmer des Vaters selbst[65]. Schließlich gerät er in eine Ecke, wie vorher der Vater in einer Ecke gesessen war, und vergrößert die Entfernung: *„Georg stand in einem Winkel, möglichst weit vom Vater"* (16). Er rührt sich auch nicht, als der Vater zu fallen droht. *„Der Vater beugte sich vor, fiel aber nicht. Da Georg sich nicht näherte, wie er erwartet hatte, erhob er sich wieder"* (16). Und zuletzt: *„Der Vater nickte bloß ... in Georgs Ecke hin"* (17). Das dramatische Spiel legt es vollends bloß, wie Georg ausgespielt ist.

Die dritte Szene (S. 15 bis 18 = 3¼ Seiten) hebt die Erzählung mit dramatischen Mitteln, vor allem durch Dialog, jäh auf den Höhepunkt der Krise und fällt die Entscheidung, die dann auf einer halben Seite (18) vollstreckt wird in einem atemlosen und zugleich objektivierenden, kühl-anteiligen Erzählton.

64 Sokel 47: „Umkehrung der Rollen".
65 so Hartung 227.

In drei, fast gleichlangen, aber wie im Fallgesetz bei zunehmender Entfernung potenziert beschleunigten Intervallen[66] erhebt sich die Erzählung zum Gipfel, dem Urteil, und schließt dann rasch, fast jäh.

Wie das geschieht, wie sich das steigert, ist nicht nur als Handlung, sondern in Bildern schaubar gemacht: Nicht in Wie-Vergleichen, nicht allegorisch, vielmehr als Geste und Gebärde. Die Räume umreißen gegenständlich und sichtbar innere Konturen. In ihnen erscheint das Bild des Bettes im Zentrum.

Als der Sohn den Vater zu Bett bringt – auch hier Umkehr der Rollen, indem der Vater zum Kind geworden ist und als solches behandelt wird –, da *„hatte er ein schreckliches Gefühl, daß an seiner Brust der Vater mit seiner Uhrkette spielte. Er konnte ihn nicht gleich ins Bett legen, so fest hielt er sich an dieser Uhrkette“* (14)[67]. Zunächst möchte man zweifeln, wessen Uhrkette das ist. Der Vater im Hemd kann keine mehr haben, und das *„s e i n e Uhrkette“* bezieht sich auf *„s e i n e Brust“*. Es kann nur Georgs Brust und Uhrkette gemeint sein. Der Vater spielt kindisch damit und klammert sich daran fest. Die Geste könnte auf den Ablauf der Zeit verweisen, als wollte der Vater in dieser letzten, ihn mit dem Sohn verbindenden Nähe die gebundene Zeit nicht freigeben, nicht das Vergangensein im Sinne von Reife und Ernte, nicht das Verhängnis des Endes freigeben. Von der Brust des Sohnes, von der letzten Gemeinsamkeit, weg ins Bett gelegt, hält der Vater an der Verbindung fest. Kette drückt gemeinsame Verkettung aus. Der Vater will sie nicht loslassen, will die Bindung nicht zerreißen lassen. Und der Sohn hat Mühe und braucht Zeit zu der Lösung. Ist aber die Gemeinschaft erst zerrissen und der Vater im Bett und *„zugedeckt“*, schlägt die Szene jäh dialektisch um.

Denn ins Bett gelegt werden, ohne Wunsch und wider Willen, bedeutet Entmündigung. Kleine Kinder werden ins Bett gelegt. Der Sohn verfährt mit dem Vater so, als einem Objekt. Er zerreißt die Verbindung. Der Vater wird lebendig begraben[68]. Unter der weichen, dämpfenden Bettdecke, ge-

---

66 Gibian 27: „. . . drama predominates . . . constructed climatically.“
67 Edel 221: „. . . unlösbare Verkettung“.
68 Edel 221.

fangen in Polstern, kann man ihn auch ohne Gefahr in die künftige Wohnung mitnehmen, wozu sich Georg entschließt. Der Vater fordert mit dem Wortspiel *„zugedeckt"* die ausdrückliche Bestätigung des Sachverhalts heraus, der für ihn etwa Bettdecke gleich Sargdeckel gleich Grabplatte gleich Ersticken unter rück-sichtsloser Verachtung, gleich „Untergekriegt"-sein unter erdrückendem Übergewicht gleich Rückseite und „Hintern", bedeuten mag. Das alles schleudert er hinweg, indem *„er die Bettdecke zurückwarf mit einer Kraft, daß sie einen Augenblick im Fluge sich ganz entfaltet"* (15). Die Todeserfahrung war für Kafka gleich Erkenntnis. Sie erst konturierte sein Schaffen, wie Frost Organisches konturiert[69], der zugleich, nach dem Bilde der Uhrkette, ein Akt der Trennung ist. Das Zurückschleudern der Bettdecke und Aufspringen im Bett hat etwas von Auferstehung aus einem Grab, von Durchbruch hellen Wissens durch das Dunkel. *„Er strahlte vor Einsicht"* (16), wird es gleich heißen.

Damit zusammen hängt offenbar das Bild von der Tasche im Hemd des Vaters, in der er des Sohnes Kundschaft habe (17). Es könnte die „Speicher seines Wissens andeuten"[70], hier auf die Grundlagen der materiellen Existenz des „jungen Kaufmanns" bezogen. Diesem Bild mangelt allerdings die volle Kraft der Überzeugung, es sei denn – und so will es wohl verstanden sein –, man nähme es erst als Teil der Groteske, die, wie gesagt, der Vorgang als Handlung und Gebärde immer auch ist.

Wir erfahren hier Elemente der Struktur und des Stiles Kafkas. Bilder erscheinen, ohne ein-deutig zu zeigen. Sie zeigen s i c h, wie Politzer sagt[71], der in diesem Zusammenhang Ludwig Wittgenstein zitiert: „Es gibt allerdings Unaussprechliches. Es zeigt sich, es ist das Mythische" (Traktatus Logico-Philosophicus). Eine mythische Bilderwelt umfängt uns, in der zugleich überscharf gesehen, rigoros gedacht, psychologisch durchschaut, dramatisch gebaut, rhetorisch gesteigert und dialektisch umgeschlagen wird.

---

69 Sokel 43: „Erst wenn die Todesidee klar hervortritt, gelingt Kafka die Reihe seiner Meisterwerke."
70 Edel 222.
71 Politzer 37; Wittgenstein: Schriften Frankfurt/M. 1960, 522.

Freund und Braut

Georg Bendemann war in seinen *„Jugendjahren"* (18) ein *„ausgezeichneter Turner"*. Er schreibt jetzt an einen *„Jugendfreund"* (7). Die Jugend also liegt abgeschlossen als etwas Gewesenes hinter ihm. Georg Bendemann führte das Geschäft seit dem Tode der Mutter vor zwei Jahren mit *„größerer Entschlossenheit"* (8), denn bis dahin hatte der Vater dort dominiert. *„Vielleicht hatte ihn der Vater bei Lebzeiten der Mutter dadurch, daß er im Geschäft nur seine Ansicht gelten lassen wollte, an einer wirklichen eigenen Tätigkeit gehindert"* (8). Georgs freigewordene Tüchtigkeit hatte vollen Erfolg: *„... jedenfalls aber hatte sich das Geschäft in diesen zwei Jahren ganz unerwartet entwickelt, das Personal hatte man verdoppeln müssen, der Umsatz hatte sich verfünffacht, ein weiterer Fortschritt stand zweifellos bevor" (8)*. Georg war selbständig geworden, ein junger erfolgreicher Geschäftsmann oder Unternehmer – seinen „Geschäftszweig" (8) erfahren wir nicht –, erfolgreicher als der mitarbeitende, aber *„zurückhaltender gewordene"* (8) Vater. Im Zeichen von Erfolg und Fortschritt sitzt er vorne im *„Privatzimmer"*, der Vater haust im *„Hinterzimmer"*.

Georg ist seit der mit dem Freund gemeinsamen Jugend ein anderer geworden. Der Beruf, der Alltag hat eine andere Seite seiner Möglichkeiten hervorgerufen und ausgebildet als die gesicherte und geborgene, aber unmündige Jugendzeit. Der Freund aber *„war nun schon über drei Jahre nicht in der Heimat gewesen"* (8). Er hatte weder Georgs Geschäftserfolg und die daraus sich ergebende Selbständigkeit miterlebt, noch wußte er davon. Die geschäftstüchtige Seite Georgs müßte ihm neu, wohl sogar fremd sein; denn er selber war zwar aus *„Unzufriedenheit mit seinem Fortkommen zu Hause ... förmlich nach Rußland geflüchtet"*, sein Geschäft *„schien aber schon seit langem zu stocken"* (7). *„So arbeitete er sich in der Fremde nutzlos ab"* (7). Die Erfolglosigkeit[72] schlug wohl in eine *„sich entwickelnde Krankheit"* (7) um, worauf die *„gelbe Hautfarbe"* (7, 17) schon beim letzten Besuch *„hinzudeuten schien"*

[72] Sokel nennt ihn „wertlos, Abfall, Kehricht", „Feigheit sein Wesen", 65.

(7). Aus finanziellen oder gesundheitlichen Rücksichten oder eben weil er, *„ein kleiner Geschäftsmann"*, den Bestand des Geschäfts riskieren würde, wagte er auch nicht *„die kürzeste Abwesenheit"* für eine Reise in die Heimat, zum Freund, und schützte dafür *„die politische Unsicherheit"* vor, *„während hunderttausend Russen ruhig in der Welt herumfuhren"* (8)[73]. Der Freund wollte also nicht in die Heimat, dem Land ihrer gemeinsamen Jugend und Freundschaft, zurückkehren, vielmehr: *„Er hatte Georg zur Auswanderung nach Rußland überreden"*, also den Freund in seine Nähe ziehen und die Verbindung erhalten wollen, aber er hatte *„verschwindende Ziffern"* (9) für Georgs Geschäftschancen genannt, gemessen an dessen jetzigem Umsatz. Georg war nicht in die Fremde gefolgt. Er hatte das gute Geschäft daheim den schlechten Chancen draußen vorgezogen, das Geschäft der Freundschaft, das Empirische und Materielle dem Ideellen.

Die Erfolglosigkeit des Freundes resultiert aus einer Unfähigkeit, die Lebensumstände zu zwingen. Ohnmächtig zog er sich endlich in sich selbst, in sein eigenes Schneckenhaus zurück. Vereinsamung und Ausgesetztheit erscheinen unter dem Bild Rußlands[74]: der Ferne, der Nichtigkeit des einzelnen, des Frostes. Er ist in der Freiheit, der absoluten; denn diese von Gesellschaft und Familie isolierte Freiheit ist lebensfeindlich[75], weil ohne Gemeinschaft. *„Er hatte keine rechte Verbindung mit der dortigen Kolonie seiner Landsleute, aber auch fast keinen gesellschaftlichen Verkehr mit einheimischen Familien und richtete sich so früh ein e n d g ü l t i g e s J u n g g e s e l l e n t u m ein"* (7). Zu schwach, ihn zu ändern, findet er sich mit dem Zustand ab, ja kompensiert ihn mit einer Art schmollender Empfindlichkeit[76]. Die innere Bitternis schlägt sich als Krankheit, in *„gelber Hautfarbe"* nieder.

Ein gallen- oder leberkranker Junggeselle, ein Fremder in

---

[73] Daß der Freund die Geschichte vom Popen erzählt, braucht ihn noch nicht mit der Revolution sympathisieren zu lassen, wie Politzer will (91). Die Ängstlichkeit des Kleinbürgers, auch das Wenige zu verlieren, motiviert ausreichend. Die reisenden Russen waren unbekümmerte Aristokraten.

[74] T 233: „... ein Erlebnis, das man wegen seiner für Europa äußersten Einsamkeit nur russisch nennen kann"

[75] Sokel 68: „sterile Freiheit".

[76] Sokel 65.

der Fremde, ein „Sisyphus“[77], ein Versager, erfolglos und einsam, wird der Freund zum Bild des unbehausten, weltfremden, auf das Geistige beschränkten Existenz, zu jener „eigentümlichen Kafkaschen Metapher“[78]. Und Kafka – „möglichst asketisch leben, asketischer als ein Junggeselle“[79] – will den Zustand noch steigern. Ob der Begriff Askese[80] auf den Freund angewandt werden kann, muß zumindest sehr fraglich bleiben; denn Askese bedeutet Verzicht aus freiem Willen, einen Zustand konzentrierter Kraft, nicht ein Nicht-Können aus Schwäche. Nirgends auch bezeugt der Text ein „geistiges Leben“ des Freundes, das aus Verzicht in der Vitalsphäre hervorginge. Die Äußerungen eines gescheiterten Geschäftsmannes können wohl nicht als solcher genommen werden. Geistiges manifestiert lediglich seine Erzählung von jenem Popen in der Revolution. Daß sie der Freund erzählt, beweist noch nicht, daß er sich identifiziert. Nirgends erweist sich, daß dieses Geistige vom Freund sich zu eigen gemacht wurde, und auch die Barttracht[81] genügt dazu nicht; denn von jenem Popen ist ein Bart nicht erwähnt. Kombinationen, die den Freund *„in einem Land sozialen Aufstands die beinahe geistliche Reinheit eines Junggesellen bewahren“* lassen[82], scheinen nicht sicher und ausreichend belegbar.

Der Freund draußen läßt sich nicht idealisieren, nur funktionalisieren. Als „reines Ich (Georgs) in entscheidender Hinsicht“[83] kann er doch nur in Georgs Perspektive erscheinen, solange der an der Freundschaft, an ihrer Idee festhält. Zweifellos allerdings hat der Freund teil an „Georgs eigner Kindheit“, ist ein Stück jenes idealen Raumes[84]. Des Freundes Existenz bedeutet Erinnerung, wenn auch ferne und immer fernere, an die Kindheit. Sie bringt den Anruf der Vergangenheit, der offenbar einzigen unschuldigen und paradiesischen Lebenszeit,

---

[77] T 555.
[78] Edel 219: „Junggesellentum ist eine der eigentümlichen Kafkaschen Metaphern für die Eigentlichkeit der geistigen Existenz.“
[79] T 315.
[80] Zimmermann 201.
[81] Politzer 91: „Der Vollbart . . . deutet auf den Wunsch hin, einem russischen Mönch zu gleichen.“
[82] Politzer 92.
[83] Sokel 45, White 213.
[84] Sokel 61.

vor Georg. In des Freundes *„endgültigem Junggesellentum"* verpuppt sich die Erinnerung der Kindheit. Georg aber, noch Junggeselle, durchbricht gerade diese Verpuppung[85]. Noch verbindet, wenn auch mit feinstem Faden, der Zustand beide.

Junggesellentum und Anruf des Vergangenen zu sein, hat der Freund mit dem Vater gemeinsam. Sie umfassen, mit der Mutter, Georgs Vergangenheit. Aber diese Vergangenheit ist zerfallen: der Freund nach Rußland geflüchtet, die Mutter gestorben, der Vater abgedankt. Der Freund erinnert Vergangenheit und scheitert in der Gegenwart. Der Vater aber ist diese Vergangenheit und lebt ihr. Er lebt das geistige, rückwärtsgewandte Leben mit Andenken an die Mutter und in Spalten uralter Zeitungen. Der Vater ist nicht gescheitert, er besitzt noch Kräfte, wenn auch mit letztem Aufgebot zu verzichten. Auf ihn trifft jene Askese geistigen Lebens[86] zu. Er hat sich „dem zweiten und schmerzlicheren Junggesellentum seiner Witwerschaft völlig überantwortet"[87], eine empfindlichere Verpuppung der Vergangenheit, des Kindlichen.

Der Hinweis Politzers auf die zuständliche Übereinstimmung – „So wird die Hauptszene im ‚Urteil' zwischen drei Junggesellen gespielt"[88] – bekräftigt Kafkas Selbstdeutung: „Der Freund ist die Verbindung zwischen Vater und Sohn, er ist ihre größte Gemeinsamkeit"[89]. Vater und Sohn haben nur noch über die Existenz des Freundes, als der noch lebenden Erinnerung an das Vergangene, an die Kindheit, ein Gemeinsames. Darum will der Vater in der Verbindung zum Freund die Gemeinschaft mit dem Sohn retten, wahren, erneuern. Der Freund *„richtet sich auf ein endgültiges Junggesellentum ein"* (7), der Vater war als Witwer bereits endgültig Junggeselle. Beide erwarten vom Leben keine Erfolge mehr, sei es aus krankhafter Schwäche, sei es aus Verzicht des Alters. Der Vater greift also nach dem letzten Gemeinsamen, das er mit dem Sohn hat, indem er den Freund vergessender Gleichgültigkeit entreißt und mit letzter Kraft beschwört. *„Hast du wirklich diesen Freund in Petersburg?"* (13). Der Ton liegt auf

85 Politzer 90.
86 Zimmermann 201.
87 Politzer 90.
88 Politzer 92.
89 T 296, 11. 2. 1913.

„*H a s t*" und vor allen „*d u*". Und der Vater beantwortet diese Frage dann selbst: „*D u hast k e i n e n Freund in Petersburg*" (13). Der Vater stellt als „*volle Wahrheit*" (12) das Ende der Gemeinschaft des Sohnes mit dem Freund fest[90], damit auch der eigenen Gemeinschaft mit dem Sohn, das Ende von Georgs Sohnschaft. „*Wohl kenne i c h den Freund. Er wäre ein Sohn nach meinem Herzen*" (15). Der Vater kennt und erkennt den Freund, um sich zu ihm zu bekennen[91]. Das Bekenntnis zum Freund richtet sich zugleich gegen den Sohn. Der „Betrug"[92] des Sohnes am Freund zielte in des Vaters Augen eigentlich gegen den Vater: „*Darum hast du ihn auch betrogen die ganzen Jahre lang*" (15). Daß Georg „*den Freund verraten*" (16) habe, der „*zugrunde gehe*" (17): das wirft dann weiter der Vater brüsk dem Sohne vor. Der Freund wird Kristallisationskern, um den sich Georgs vages und unklares Dasein als Schicksal niederschlägt, ein „Katalysator"[93].

Die Katalyse erweist, daß Georg Bendemann ein anderer geworden ist, oder: werden will, oder: werden zu wollen scheint, jedenfalls nach außen und vor sich selber. Erfolgreich, selbständig, weltzugewandt, lebenstüchtig gibt er dem mit der Verlobung, dem Schritt zur Ehe, das sichtbare Zeichen. Der Erfolgreiche verbindet sich mit einer „*wohlhabenden Familie*" (9, 10), er plant und baut sich auf. Verlobung bedeutet den Willen zu dauerhafter Bindung, zur Gründung einer Familie, zum Bestehen des Alltags, zum Einrichten in der Wirklichkeit dieser Welt. Kafka selbst hielt übrigens dieses für das Schwerste: „Heiraten, eine Familie gründen, alle Kinder, welche kommen, hinnehmen, in dieser unsicheren Welt erhalten und gar noch ein wenig führen, ist meiner Überzeugung nach das Äußerste, das einem Menschen überhaupt gelingen kann[94]." Er selbst schreckte davor immer wieder zurück.

Georg Bendemann will diesen Weg gehen. Er nimmt Abschied von der Kindlichkeit, von der Jugend, von der Idealität. Denn die Verlobung scheint zudem nicht idealer Liebe, sondern eher Erfahrung und Berechnung entsprossen, wird doch

---

[90] Politzer 94.
[91] Edel 220, Zimmermann 201.
[92] Aus des Vaters Perspektive verrät Georg beide. So Sokel 45.
[93] Sokel 66.
[94] H 209.

die Braut zweimal nur als *„Mädchen aus wohlhabender Familie“* (9, 10) gekennzeichnet, in Gedanken und im Brieftext. Die Verlobung, als Eheversprechen und Ausdruck einer neuen empirischen selbständigen Lebenshaltung, ändert jedenfalls die Situation entscheidend und gebietet, das Verhältnis zu Freund und Vater neu zu klären.

Deswegen schreibt er dem Freund und eröffnet dieses dem Vater. Georg versteht natürlich Klärung in seinem Sinne, dadurch, daß e r darstellt und s e i n e Sicht verbindlich macht, sich so der beiden anderen bemächtigt. Im Tiefsten, vielleicht noch nicht einmal Unbewußten, weiß er, wie es um den Freund steht, jetzt schärfer, da er fühlt, wie die Freundschaft ihn verläßt. Er will keinen offenen Bruch. So arrangiert er sich. Georg hat bisher den Freund *„geschont“* (7), ihm seine Erfolge im Geschäft und bei der Braut verschwiegen. Den Schwächeren zu schonen wäre allerdings eine großmütige Tugend, ein Zeichen der Stärke. Indes definiert sich Schonung nicht so einlinig. Denn dort, wo sie Wahrhaftigkeit und Wahrheit verschleiert und umgeht, ist sie Zeichen der Schwäche. Das Problem der Schonung innerhalb einer Freundschaft finden wir in Goethes „Torquato Tasso“ durch Alfons, den Herzog von Ferrara, klassisch formuliert: *„Es w i l l der Feind – es d a r f der Freund nicht schonen“* (I, 2). Georg *„schont“* den Freund, obwohl gerade dies die Freundschaft verböte. Der Zerfall der Freundschaft ist so gekennzeichnet. Der Vater hingegen wird Georg nicht schonen vor der Wahrheit: er ist sein bester Feind oder sein ärgster Freund. Die Alternative Georgs, wenn er sie gestellt hätte, nämlich: aus echter Schonung des Freundes sich nicht zu verloben[95], scheint absurd. Die Situation verträgt nicht mehr Schonung, sie fordert Ent-Scheidung. Georg verschweigt. Wahrhaftigkeit und Offenheit mangelt der Freundschaft. Solche Schonung verdirbt. So zögerte Georg im Zwiespalt dahin, an den er sich, bei der Entfernung vom Freund in Rußland, gewöhnte, mit dem er sich einrichtete in einer Art Gleichgültigkeit. Seine Gedanken wälzen lange die Frage hin und her, und die Entschuldigungen haben etwas Halbwahres und Gewundenes. Natürlich, es mußte *„je schonender, desto*

---

[95] Sokel 56.

kränkender" (7) sein, dem Freund dessen Mißerfolg vorzuhalten, ihn zurückzuholen, der *„die Verhältnisse in der Heimat nicht mehr verstünde"* (8), der hier vielleicht sich nicht mehr zurechtfände und dann als unverhüllte Tatsache *„wirklich keine Heimat und keine Freunde mehr hätte"* (8). Man sollte ihm seine *„Vorstellung ungestört lassen"* (9). Und der Schluß scheint folgerecht: *„Aus diesen Gründen konnte man ihm, wenn man noch überhaupt die briefliche Verbindung aufrechterhalten wollte, k e i n e e i g e n t l i c h e n M i t t e i l u n g e n machen, wie man sie ohne Scheu auch den e n t f e r n t e s t e n B e k a n n t e n machen würde"* (7, 8). Man kann also unbedenklich jedem anderen die Wahrheit und das Wesentliche, die *„eigentlichen Mitteilungen"*, sagen, nur dem Freunde nicht. Im Jargon des Uneigentlichen, des Man, „denkt Georg den Freund in ein zweckloses Dasein um"[96]. Dieser Schluß beendete gewiß die Freundschaft, wenn sie noch als echte bestünde. Denn, vor drei Jahren, als er noch der frühere war, hat Georg den Freund vor dem Vater verleugnet: *„Wenigstens zweimal habe ich ihn vor dir verleugnet, trotzdem er gerade bei mir im Zimmer saß. Ich konnte ja deine Abneigung gegen ihn ganz gut verstehen, mein Freund hat seine Eigentümlichkeiten"* (14). Es fehlte damals schon an Offenheit und Bekenntnis, und auch jetzt wiederholen diese Worte die Verleugnung sozusagen ein drittes Mal. Und zugleich wieder spielte und spielt Stolz auf den Freund mit: *„Ich war damals noch so stolz darauf, daß du ihm zuhörtest, nicktest und fragtest"* (14). Die eigene Eitelkeit braucht den Freund und verleugnet ihn, *„verlegen"* (13), in jeder Prüfung. Man darf es als Verrat bezeichnen.

Georg schrieb dem Freund *„immer nur über bedeutungslose Vorfälle"* (9) – der Vater nennt es *„falsche Briefchen"* (15) – dreimal schrieb er ihm *„die Verlobung eines gleichgültigen Menschen mit einem ebenso gleichgültigen Mädchen"* (9), aber nicht die eigene. So gleichgültig schien ihm im Grunde der Freund. Und doch weiß er um die verzweifelte Situation

---

[96] Edel 220. Die Selbsttäuschung Georgs bezeichnet Kafka, T 296, 11. 2. 1913: „Allein bei seinem Fenster sitzend wühlt Georg in diesem Gemeinsamen mit Wollust und hält alles, bis auf eine flüchtige traurige Nachdenklichkeit, für friedlich."

des Freundes, trägt sie im Herzen mit sich, darum unruhig und unzufrieden.

Die Verlobung stellt Georg auch äußerlich unausweichlich vor die Entscheidung, der er lange nach beiden Seiten auszuweichen suchte. Das Leben tritt ihn in der Braut als Macht an, „die Frau ist das Symbol"[97]. Ist der Vater als Witwer schon weitgehend entmachtet, begann mit Georgs Verlobung seine „endgültige Entmachtung"[98], bahnt sich Entmündigung an, Umkehr der Rollen. Die Braut wittert Gefahr, in dem, was sie nicht bemächtigt, vielleicht auch in dem „gemeinsamen Junggesellentum"[99], das ihre Eifersucht weckt. Ein Machtinstinkt in ihr verlangt Willfähigkeit des Mannes. Sie selbst ist nicht Liebende, sondern Fordernde, erkennt nicht, daß Georg „keiner echten Kongruenz fähig"[100] – keiner ebenbürtigen, dem Du zugewandten Partnerschaft, weil sie, die wohlhabende Tochter, die an Zeremonie denkt, selbst derer nicht fähig sein dürfte. So wird sie „Objekt der List"[101]. Sie erkennt das Versagen Georgs in der Freundschaft und erzwingt eine Entscheidung. Sie erkennt aber nicht, daß das Versagen dem Freund, der Vergangenheit gegenüber auch ein Versagen ihr, der Braut, und der Zukunft gegenüber befürchten läßt. Sie erkennt nicht Georgs Unbeteiligtsein, die Gleichgültigkeit des Herzens, seine seelische Schwäche. Und ihre Existenz vermag ihn auch nicht mit Stärke zu füllen. Als der Vater sie angreift, läßt Georg die Braut ohne Gegenwehr fallen, verteidigt sie nicht, weil er dessen nicht fähig ist. Und der Vater *„fegt"* sie tatsächlich ihm *„von der Seite weg"* (17).

Vor Braut und Vater also muß Georg jetzt Farbe bekennen. Als nämlich die Braut, im Gespräch über den Freund, vielleicht auch aus gekränkter Eitelkeit, aber doch mehr in dem Verlangen nach vollkommener Besitzergreifung von der Sphäre des anderen mit der Heirat, die Einladung des Fernen zur Hochzeit wünscht, windet sich Georg wieder mit Ausdrücken wie „gezwungenen, geschädigt, beneiden, unzufrieden, unfähig", dann aber ent-deckt er ihr einen Satz lang sein tiefes

[97] Sokel 46, so auch Baumer 106.
[98] Sokel 47.
[99] Politzer 89.
[100] Edel 218.
[101] Edel 218.

Wissen um den Freund: „*Allein – weißt du, was das ist?*“ (10). Noch weiter entblößt der Zusammenstoß mit dem Vater dieses innere Wissen, das hellsichtig und prophetisch – eine Prophetie nach innen – Fernes oder Künftiges ausspricht, jene Todesvision (15). Blitzartig zuckt dann die Einsicht vom Untergang der Er-Innerung an das Ideale im Bilde des Freundes auf, Sinnbild des eigenen seelischen Unterganges. Georg Bendemann weiß unbewußt, wie es steht. Und trotzdem hat er im Brief dem Freunde, wohl auch sich, etwas vorgemacht: „*... heute genüge Dir, daß ich recht glücklich bin und daß sich in unserem gegenseitigen Verhältnis nur insofern etwas geändert hat, als Du jetzt in mir statt eines ganz gewöhnlichen Freundes einen glücklichen Freund haben wirst. Außerdem bekommst Du in meiner Braut ... eine aufrichtige Freundin, was für einen Junggesellen nicht ganz ohne Bedeutung ist*“ (10).

Georg, der Erfolgreiche, heuchelt Glück vor, ein geplantes und berechnetes Glück der „Wohlhabenheit“, nicht das unschuldige der Kindheit, nicht das unmittelbare der Liebe. Was könnte Teilnahme an solchem Glück helfen? Denn als Ersatz des „endgültigen Junggesellentums“ bietet er in der Braut „*eine aufrichtige Freundin*“ an, ein Dreiecksverhältnis, im Geiste natürlich. Der Freund würde nur unglücklicher. Sein „Glück“ liegt Georg auch gar nicht an. Die Anwesenheit des Freundes bei der Hochzeit dürfte er kaum als Verlockung zum Junggesellentum[102] empfinden, aber als Störung und stillen Vorwurf. So lädt er ein, gezwungen, widerwillig, den Ruf sogleich neutralisierend: „*Handle ohne alle Rücksicht und nur nach Deiner Wohlmeinung*“ (10). Denn genau das setzt den Freund nicht frei zum Handeln und zur Wiederbegegnung, sondern überläßt ihn weiter seiner zersetzenden, steril-freien Unentschlossenheit. Es hilft nicht, im Gegenteil. „So lädt er den Freund zur Hochzeit ein, indem er ihn bittet, dort zu bleiben, wo er ist[103].“

Die gemeinte Schonung ist Herzlosigkeit. Die Freundschaft wird mehr oder minder unbewußt oder geheim verdrängt, mit aller Gefahr, die jeder Verdrängung innewohnt[104]. Zwischen

---

[102] Politzer 89.
[103] Politzer 89.
[104] Edel 220.

Braut und Freund besteht ein ähnliches reziprokes Verhältnis wie zwischen Sohn und Vater. Im Tageslicht des Vorderzimmers verdrängt die Braut den Freund, im Dunkel des Hinterzimmers aber der Freund die Braut[105]. Kafka selbst kommentiert: ... „wie aus dem Gemeinsamen, dem Freund, der Vater hervorsteigt und sich als Gegensatz Georg gegenüber aufstellt, verstärkt durch andere kleinere Gemeinsamkeiten ... Georg hat nichts; die Braut, die in der Geschichte nur durch die Beziehung zum Freund, also zum Gemeinsamen, lebt, und die, da eben noch nicht Hochzeit war, in den Blutkreis, der sich um Vater und Sohn zieht, nicht eintreten kann, wird vom Vater leicht vertrieben"[106].

Die Braut hat den Brief an den Freund ausgelöst, der das Urteil auslöst. Sie, ihr Dasein, bringt die Zustände in Bewegung, weil sich durch sie das Kräftefeld um Georg verändert. Sie, ihr ausgesprochenes Verlangen, stößt auch die Handlung an. Die Braut ist Ursache und Anlaß. *„... und ich habe doch das Recht, alle Deine Freunde kennenzulernen"* (9), sagte sie. Sie will auch jene andere Seite Georgs, die der Freund darstellt, kennen, will das Zwielicht jenes Verhältnisses durchschauen. Ohne das stellt sie schon fast die „Koalitionsfrage": *„Wenn du solche Freunde hast, Georg, hättest du dich überhaupt nicht verloben sollen"* (10). Sie respektiert auch kein schwieriges Anderssein, sie duldet nichts neben sich, das sich nicht in ihre Sphäre ziehen ließe, *„rasch atmend unter seinen Küssen"* gibt sie sich nicht hin und vergißt, sondern hängt ihrer Empfindlichkeit nach und will noch recht haben: *„Eigentlich kränkt es mich doch"* (10). Sie scheint mehr Trieb mit Berechnung als Liebe, will durch Hingabe zur Macht. So entsteht Georgs erster Entschluß, der zum Brief, unter Druck und unter Vorwand, der noch den inneren Bruch der Freundschaft bestätigt: *„‚So bin ich, und so hat er mich hinzunehmen', sagte er sich, ‚ich kann nicht aus mir einen Menschen herausschneiden, der vielleicht für die Freundschaft mit ihm g e e i g n e t e r wäre, a l s i c h es bin'"* (10). Das verweist auf einen eigentlicheren Freund.

Die Braut bindet Georg Bendemann an das Empirische. Er

---

105 Sokel 48/49.
106 T 297.

muß in der Heimat bleiben, in der gewohnten, überkommenen, vom Vater vorgeprägten Welt des Alltages, soll für Geschäft und Familie arbeiten. Sie billigt nicht, daß draußen, in der Ferne, in deren Freiheit er in jugendlichem Anlauf *„flüchtete“* (7) und die nun ausweglose Ausgesetztheit geworden ist, daß dort ein *„Freund“*, ein Naher im Geiste der Herkunft mit älterem Anspruch, verharrt, der *„die Verhältnisse in der Heimat nicht mehr verstünde“* (8), also auch sie nicht. Er wäre stumme Kritik und stete Mahnung.

Der Brief an den Freund verabschiedet den Freund. Er sagt, aber auch nur unter dem Druck der Braut, die geschwächte, gleichgültig gewordene Freundschaft auf. Der Brief trifft, weil er die Veränderung anzeigt, den Vater noch mehr; er bedeutet, daß Georg entschlossen ist, sich an des Vaters Stelle zu setzen. Denn die beabsichtigte Heirat ist der letzte Schritt dazu, nämlich dadurch, selbst Vater zu werden.

Der Vater

Der Vater verdammt die Braut als *„widerliche Gans“* (15). Er durchschaut, daß die Entscheidung von ihr heraufbeschworen ist. Bisher sind beide, Vater und Sohn, ausgewichen. Denn seitdem die Mutter starb[107], fehlt das Verbindende des Fraulichen und Mütterlichen, zog eine Leere ein. Der Vater pflegt der Mutter *„Andenken“* (11) auch sichtbar in seiner Ecke, nennt die Mutter *„teuer“* (12) und *„selig“* (11), erklärt sich als der um ihren Tod einzige oder jedenfalls wesentliche Leid Tragende: *„... hat mich der Tod unseres Mütterchens viel mehr niedergeschlagen als dich“* (12). Er drängt den Sohn vom Bilde der Mutter, beansprucht seine Frau ausschließlich für sich: *„... aber so hat mir die Mutter ihre Kraft abgegeben“* (16). Der Vater verkehrt geradezu die natürlichen Bedingnisse, denn die Mutter, die Gebärerin, hat ihre Kraft doch dem Sohn und nicht dem Vater gegeben, allerdings nach dem Willen und Wesen des Vaters, des Zeugers. Nun aber reißt der Vater die Mutter vom Sohne weg, er zerreißt beider natürliche Bindung.

[107] White 228: „The mother represents the old unity.“

Er wirft dem Sohn vor, nicht rechtzeitig reif geworden zu sein – *„Wie lange hast du gezögert, ehe du reif geworden bist!“* (17) – so daß *„die Mutter den Freudentag nicht erleben konnte“* (17). Was der Vater mit *„Freudentag“* meint, verstehen wir nur schwer. Die Hochzeit des Sohnes, die die Mutter vielleicht gebilligt hätte, kann er jetzt und in diesem Zusammenhang doch wohl nicht so bezeichnen. Und wenn er damit diesen seinen Tag des Gerichts über den Sohn meinen sollte, kann doch nur Verblendung das als Freudentag der Mutter hinstellen, falls sie ihn erlebt hätte. Der Ausdruck *„Freudentag“* ist Ironie, wie *„Früchtchen“* und Reife, dem Weg des Sohnes gegenüber und zugleich Genugtuung über dessen Rückkehr zur Herkunft. Der Vater deutet aber einfach das Wesen der Mutter und ihre Stellung um; denn bei *„Lebzeiten der Mutter“* hatte ja gerade er das Reifen des Sohnes gehemmt, ihn *„an einer wirklichen eigenen Tätigkeit gehindert“* (9). Er wollte offenbar jederzeit vor seiner Frau als der tüchtige und potente Mann, als der Vater und Herr des Hauses dastehen. Dabei war sie ihm in seiner herrischen Liebe offenbar alles[108]. Für ihn zerbrach seine Welt, die die Mutter beseelt und zusammengehalten[109] hatte, er war *„seit dem Tode der Mutter“* im Geschäft *„zurückhaltender geworden“* (9), während er vorher *„nur seine Ansicht gelten lassen wollte“* (8). Das Geschäft bedeutet ihm, ohne Frau, nicht mehr viel, dort *„entgeht mir manches . . . ich bin nicht mehr kräftig genug, mein Gedächtnis läßt nach, ich habe nicht mehr den Blick für alle die vielen Sachen“* (12), gesteht er selber. Und er begründet dies einmal mit dem *„Ablauf der Natur“* (12) wie in allen Dingen dieser Welt, dann aber ausdrücklich mit dem Tod der Mutter, der ihn mehr niedergeschlagen habe als Georg. Der Tod der Frau ist für den Vater Verlust der Lebensmacht[110]. Georg aber verlor mit der Mutter die Bindung zum Ursprung.

---

108 Im „Brief an den Vater“: „Du bist immer liebend und rücksichtsvoll zu ihr gewesen, aber in dieser Hinsicht hast Du sie genauso wenig geschont, wie wir sie geschont haben“, H 189.

109 H 182: „Es ist wahr, daß die Mutter grenzenlos gut zu mir war, aber alles das stand für mich in Beziehung zu Dir . . . so glich das die Mutter durch Gutsein, durch vernünftige Rede (sie war im Wirrwarr der Kindheit das Urbild der Vernunft), durch Fürbitte wieder aus, und ich war wieder in deinen Kreis zurückgetrieben.“

110 so Sokel 48.

indem der Vater das Wunschbild der Frau, die sein Glück und sein Leben gewesen war, im Leid steigert und allein für sich in Anspruch nimmt, wirbt er eigentlich noch immer um sie. Der Liebhaber hat überlebt und braucht Bestätigung für den entschwundenen Gegenstand seiner Liebe. Der Sohn dagegen steht nicht in jenem Spannungsverhältnis von Mann und Frau wie zwischen den Eltern. Er ist Teil von der Mutter Fleisch und Blut, sie ist in ihm. Natürlich auch der Vater. Aber für ihn galt es nach ihrem Tod anzufangen, sich zu bewähren, auch gegen den Vater zu reifen. Georg mußte aus dem Ursprung heraustreten. So hatte er *„mit größerer Entschlossenheit angepackt"* (8).

Der Vater versteht die andere, natürliche Haltung des Sohnes nicht und verzeiht sie ihm auch nicht. Er verkehrt in seiner Verbitterung den nur natürlichen Weg des Sohnes zu einem Mädchen und unterschiebt ihm nur triebhafte Motive: *„Weil sie die Röcke gehoben ..."* (15). Er beschimpft ihn weniger, weil der Sohn tatsächlich so triebhaft wäre, sondern weil er dabei ist, an die Stelle der Mutter eine Frau zu setzen, die nicht seine Frau ist, diese zur Mutter des Hauses zu machen. Eifersucht mag im Spiele sein.

Der Vater schiebt die Schuld an der Veränderung der Braut allein zu. Er haßt sie[111] aus keinem anderen erkenntlichen Grunde, als daß sie eine Frau ist, eine andere Frau, die ihm den Sohn, der ihm von der Mutter blieb und den er ebenso als seinen Alleinbesitz ansah, wegnimmt. Darum wirft er dem Sohne vor, er habe das *„Andenken der Mutter geschändet"* (16), die *„sterben mußte"* (17), ohne die eigentliche Freude ihres Lebens erlebt zu haben. Der verblendete Vater sieht in der Braut Rückhalt und Stütze des sonst gutmütigen und nachgiebigen, weich-gearteten Sohnes. Ohne ihren Einfluß und Rückhalt vermöchte er nicht, ihm entgegenzutreten. Deswegen will er sie treffen. *„Häng dich nur in deine Braut ein und komm mir entgegen! Ich fege sie dir von der Seite weg, du weißt nicht, wie!"* (17).

Nach dem Tode der Mutter zerfiel die Familie. Zwar lebte Georg *„mit seinem alten Vater in gemeinsamer Wirtschaft"* (8), aber ihr Zusammenleben beschränkte sich auf die Arbeit

[111] Politzer 99: „Es ist der Vater, der seine eigenen Aggressionen enthüllt."

für das Geschäft, nun unter Vorantritt des Sohnes, auf das Mittagessen außer Haus, *„gleichzeitig in einem Speisehaus“* (11), abends saßen sie *„noch ein Weilchen, jeder mit seiner Zeitung, im gemeinsamen Wohnzimmer“* (11). Nebeneinanderher lebend, haben sie sich offenbar nichts zu sagen. Am häufigsten (11) aber war der Vater allein; denn Georg besuchte Freunde oder jetzt die Braut (11). Georg war *„seit Monaten nicht“* (11) im Zimmer des Vaters gewesen, er *„staunte“* über die Dunkelheit des Zimmers, als ob er sie zum ersten Male wahrnehme. Und es scheint, als ob der Brief in der Tasche ihm die Augen öffne, wenn man so sagen darf. Der Brief nämlich ist Feststellung und Bote der Veränderung. Und aus dem Blickwinkel der Veränderung – die Bande des Ursprungs sind gelöst – im Augenblick des Überschreitens, wird Georg des bisher gewohnten Zustandes überhaupt erst inne. Er sagt, er sei *„eigentlich nur“* (11) gekommen, den Vater vom Brief nach Petersburg zu unterrichten. *„Er zog den Brief ein wenig aus der Tasche und ließ ihn wieder zurückfallen“* (12), so wie man eine unabänderliche Tatsache durchblicken läßt. Er kommt um der Veränderung, vielleicht auch einer gewissen Herausforderung, nicht um des Vaters willen. Eben deswegen, weil er den Vater verlassen will, sieht Georg jetzt den Zustand, das lichtlose Zimmer, den *„zahnlosen Mund“* (12), das *„struppige weiße Haar“* (13), *„das müde Gesicht“* (13), das *„Recht-schwach-Dastehen“* (13), die *„nicht besonders reine Wäsche“* (14), euphemistisch ausgedrückt. Der Vater ist gebrechlich und kindisch geworden, spielt, als Georg ihn ins Bett trägt, mit dessen Uhrkette, hält sich an ihr als einem Teil des Sohnes fest (14). *„Schreckliches Gefühl“* (14) hatte Georg dabei; denn jäh durchfährt es ihn, *„wenn man genauer zusah“* (14). Es ist Schuldgefühl. Es treibt zuerst einen Schwall von Beteuerungen wie *„Tausend Freunde ersetzen mir nicht meinen Vater“* und *„Du bist mir im Geschäft unentbehrlich“* (13) hervor, dann unpersönliche Besänftigungen und Ermunterungen: Schonen, mehr essen, frische Frühlingsluft, Arzt, Zimmerwechsel, Bettlegen, unbedingte Ruhe (13). Er beteuert ausdrücklich: *„Es wird k e i n e V e r ä n d e r u n g für dich sein“* (13) und beschwört noch ausdrücklicher, durch Endstellung im Absatz, die Vernunft: *„Das wäre übrigens s e h r v e r n ü n f t i g“* (13). Der

Redeschwall soll das Schuldgefühl überdecken und dem Vater gut zureden. Was er anbietet, sind rein organisatorische Dinge. Denn Georg sieht im Grunde *„den Ablauf der Natur“* (12), wie der Vater sagte, und auch er sagt es – peinlich aus seinem Munde – daß *„das Alter seine Rechte verlangt“* (13). Er behandelt ihn wie einen hilflosen Kranken, wie ein kleines Kind, macht sich aber *„Vorwürfe, den Vater vernachlässigt zu haben“* (14), *„seine Pflicht“* (14) nicht erfüllt zu haben. Plötzlich wird akut, was Georg und seine Braut noch nicht bedacht hatten: *„Er hatte mit seiner Braut darüber, wie sie die Zukunft des Vaters einrichten wollten, noch nicht ausdrücklich gesprochen, denn sie hatten stillschweigend vorausgesetzt, daß der Vater allein in der alten Wohnung bleiben würde“* (14). So faßt Georg den zweiten Entschluß an diesem Sonntagvormittag: *„Doch jetzt entschloß er sich kurz mit aller Bestimmtheit, den Vater in seinen zukünftigen Haushalt mitzunehmen“* (14). Georg will wieder gutmachen, soweit noch möglich. Als Vorleistung bringt er den Vater entschlossen zu Bett.

Der Vater erfährt Georgs Entschluß nicht, spürt ihn nur als Zu-Bett-gebracht-Werden, fühlt sich entmündigt, schon in dieser Vorleistung, und hätte es im künftigen Haushalt einer verhaßten Schwiegertochter noch mehr gefühlt. Das Entmündigende besteht nicht in der körperlichen Hilfeleistung unter sanfter Gewalt, sondern im Schweigen, im Ausweichen vor dem eigentlichen Anliegen.

Der Vater will vom Freunde sprechen als der ebenfalls vernachlässigten Gemeinsamkeit. Als der Sohn das Zimmer betritt, kommt der Vater auf ihn zu. *„‚Ah, Georg!‘ sagte der Vater und ging ihm gleich entgegen“* (11). Glaubt er, der Besuch gelte ihm? Als er den Grund erfährt, besteht er wie eigensinnig auf dem Thema Freund, will am Gemeinsamen festhalten, je mehr sich Georg kasuistisch-fadenscheinig ausredet. *„‚Nach Petersburg?‘“* (12). *„‚Ja, Deinem Freunde‘, sagte der Vater mit Betonung“* (12). Er verlangt *„die volle Wahrheit“* (12), und noch einmal: *„... bei diesem Brief, so bitte ich dich, Georg, täusche mich nicht. Es ist eine Kleinigkeit, es ist nicht des Atems wert, also täusche mich nicht. Hast du wirklich diesen Freund in Petersburg?“* (12). Der Vater dringt auf ein klares Verhältnis. Und Georg, der doch vom Freunde anfing, schiebt das Verlangen des Vaters beiseite: *„Georg stand verlegen auf. ‚Lassen wir meine Freunde sein ...'“* (13). Er entzieht dem Vater das Gesprächsthema und die verbindende Gemeinsamkeit, überschüttet ihn dafür mit Redensarten wegen seiner Gesundheit. Er geht nicht auf ihn ein. Der Vater ist betroffen, läßt *„den Kopf ... auf die Brust sinken“* (13), er ist enttäuscht und resigniert fast: *„‚Georg', sagte der Vater leise, ohne Bewegung“* (13). Georg, der sofort niederkniet, sieht die Pupillen *„übergroß in den Winkeln der Augen auf sich gerichtet“* (13).

Aus dieser Begegnung des Blicks setzt der Vater nochmals an: *„Du hast keinen Freund in Petersburg ... Wie sollst du denn gerade dort einen Freund haben! Das kann ich gar nicht glauben“* (13). Der Vater leugnet die Freundschaft. Und Georg schiebt auch diesen Anlauf beiseite, indem er den Vater an den Besuch vor drei Jahren erinnert und zugibt, daß er selbst den Freund damals zweimal verleugnete und wiederholt diese Verleugnung jetzt ein drittes Mal: *„Ich konnte ja deine Abneigung gegen ihn ganz gut verstehen“* (14). Der Sohn entzieht sich abermals, indem er verleugnet.

Der Vater kommt nicht zum Kern, zur ganzen Wahrheit, er kann den Sohn nicht fassen, nicht festlegen. Er schweigt, wird ins Bett gelegt und scheint zufrieden. Er fühlt sich und die Wahrheit *„zugedeckt“*. Und gerade dieses Bewußtsein kommt ihm in einer List zu Hilfe. Der Sohn wollte ihn ins Bett haben, gut *„zugedeckt“*. Und nun dringt der Vater auf die verbale Bestätigung dessen, um ihn überhaupt erst einmal festzulegen und ein Gespräch zu eröffnen, ohne daß Georg schon vorher ausweicht. Es gelingt, wenn auch erst im zweiten Ansatz. So bricht der alte, entmündigte, eifersüchtige, herrische, erbitterte Mann auf, mit *„letzter Kraft“* (15), wächst zum *„Schreckbild“* (15) empor, und die entfesselten Gewalten in ihm überstürzen sich. Er springt auf, wirft die Decke zurück, das „Zugedeckte“ ist ent-deckt: *„... zugedeckt bin ich noch nicht“* (15). Jetzt bekennt er sich zum Freund als seinem wahren Sohn. *„Wohl kenne ich deinen Freund. Er wäre ein Sohn nach meinem Herzen ... Glaubst du, ich habe nicht um ihn geweint?“* (15). Der Vater bekennt sich; er bekennt sich zu seinem Wunschbild, zu dem anderen Sohn, wie er ihn wollte. Mit der Eruption wird auch die verdämmte Liebe herausgeschleudert. Davon ist Georg betroffen im Innersten: *„Der Petersburger Freund, den der Vater plötzlich so gut kannte, e r g r i f f ihn wie noch nie"* (15). Und Georg bedauert zum erstenmal die Entfernung: *„Warum hatte er so weit wegfahren müssen!"* (15).

Die Wege des Vaters und Georgs könnten noch immer zusammenmünden, aber da kommt der Gedanke an die Braut dazwischen, der Vater zieht dagegen Mutter und Freund, die Erscheinungen des Ursprungs, zum Beistand an sich heran. Er verteidigt beide gegen die Braut. *„‚Aber der Freund ist nun doch nicht verraten!' rief der Vater ... ‚Ich war sein Vertreter hier am Ort'"* (16). Der Vater spielt den Freund aus, „steigt aus ihm hervor", steigert dessen Bild zu einer richtenden Übermacht, die er hier am Ort lediglich vertrete[112]. Der verdrängte Freund wird mächtig. Der Vater ent-deckt die geheime Verbindung, das innere Einverständnis, das er allein besitzt: *„Er weiß doch alles, dummer Junge, er weiß doch alles! Ich schrieb ihm doch ... Darum kommt er schon seit Jahren nicht, er weiß ja alles hundertmal besser als du selbst ... Er weiß alles tausendmal besser!"* (17). Der Vater entreißt dem Sohn nach der Mutter auch den Freund, die Fiktion einer fernen besseren Möglichkeit, obwohl er vordem ihm offensichtlich abgeneigt war[113]. Und er hintergeht den Sohn mit diesem Freund, bemächtigt sich seiner heimlich und hinter Georgs Rücken. Auch das gehört zur Groteske: Wahrheit mittels Tücke. Nun erklärt sich auch, warum der Vater unnachgiebig auf dem Thema Freund bestand. Höhnisch hält er ihm jetzt vor: *„Wie hast du mich doch heute unterhalten, als du kamst und fragtest, ob du deinem Freund von der Verlobung schreiben sollst ... Seit Jahren passe ich schon auf, daß du mit dieser Frage kämest! Glaubst du, mich kümmert etwas anderes?"* (17). Und er übersteigert, indem er das Bild des Freundes blasphemisch geradezu ins Göttliche überhöht, als verdammenden Richter im Jüngsten Gericht: *„... deine Briefe z e r-*

---

[112] so Sokel 53.

[113] H 171 (Brief an den Vater): „Es genügte, daß ich an einem Menschen ein wenig Interesse hatte ..., daß Du schon ohne jede Rücksicht auf mein Gefühl und ohne Achtung vor meinem Urteil mit Beschimpfung, Verleumdung, Entwürdigung dreinfuhrst."

knüllt er ungelesen in der linken Hand, während er in der rechten meine Briefe zum Lesen sich vorhält!" (17). Aus der scharfen, gesteigerten Antithese läßt sich wieder richtende Eifersucht und verletzte Schärfe heraushören.

Der Vater hat sich geistig der Mutter und des Freundes bemächtigt und Georg – und dessen Braut – bloß-gestellt, bis ins Wörtliche. Das macht ihn unwiderstehlich, und seine Riesenhaftigkeit, die Georg erkennt – *„Mein Vater ist noch immer ein Riese"* (11) – und seine ungewöhnliche Breite (12) sind dafür Bild[114]. Einem mythischen Wesen gleich[115] hat er sich mit anderen Potenzen aufgeladen. *„Und ist es auch die letzte Kraft, genug für dich"* (15). *„Ich bin noch immer der viel Stärkere. Allein hätte ich vielleicht zurückweichen müssen ..."* – und er spielt dämonisch dreimal diese magische Dreifaltigkeit (Vater+Mutter+Freund) aus (16, 16, 17).

Der Vater fühlt sich überlegen und setzt dies mit der letzten Kraft seiner Existenz ein. Überlegen macht ihn einmal, daß er sich im Besitze der vollen, alleinigen Wahrheit glaubt[116], in der Übermacht des Wissens und der Erkenntnis. Dann ist er der Mächtigere aus seiner biologischen Funktion. Er hat das Leben gezeugt, erhalten und geschützt. „Vaterschaft an sich bedroht", wie Edel sagt, „durch Erinnerung an Herkunft und Abhängigkeit jeden Anspruch auf Absolutheit und Ausschließlichkeit des Ichs[117]." Es steigt das „Gesetz der Urhorde"[118] auf, jener uralte Komplex des Ödipus[119], die Welt des Totems und Tabus, die Freud heraufgeholt hat. Die Tagebucheintragung nach Niederschrift des „Urteils" vom 23. 9. 1912 weist ausdrücklich auf Freud hin. Nach diesem Gesetz zählt allein die überlegene Kraft, und die ist beim Vater[120]. Dieses Uralte ist gebändigt zum Patriarchalischen[121], aber noch immer *„Schreck-*

---

114 Brief an den Vater, H 164: „Nur eben als Vater warst Du zu stark für mich." 168: „Ich war ja schon niedergedrückt durch Deine bloße Körperlichkeit." 179: „Du warst so riesenhaft in jeder Hinsicht."

115 Zimmermann 192.

116 Der Besitz uneingeschränkter Wahrheit wird dem Vater allgemein unterstellt: Zimmermann 202, Edel 222, Sokel 223, Haeger 370.

117 Edel 221.

118 Sokel 61.

119 Sokel 59.

120 Sokel 60.

121 Politzer 100.

bild", fluchend, nicht segnend. Ob man diese Vatergestalt sich „zum religiösen Symbol weiten"[122] sehen darf, erscheint allerdings fraglich. „Zwischen Vater-Imago und echter Divinität" sieht Politzer dieses Vaterbild schwanken[123]. Psychologisch gesehen ist es Projektion unverarbeiteter Kräfte nach außen[124]. So verstand es Kafka selbst: „. . . und sich als Gegensatz Georg gegenüber aufstellt ... Das Gemeinsame ist alles um den Vater aufgetürmt, Georg fühlt es nur als Fremdes, Selbständig-Gewordenes, von ihm niemals genug Beschütztes, russischen Revolutionen Ausgesetztes ...[125]." Neben der Spiegelung aus Biographischem – darauf wurde hingewiesen – wird hier der Vatertyrann, ein großes Zeitthema der Expressionisten, nach Sokel, „nirgends überzeugender als eben im ‚Urteil' gezeichnet"[126]. Walter Benjamin sieht den Ahnherrn aller Gewalthaber und Sekretäre, „die, so hoch sie stehen mögen, immer Gesunkene oder vielmehr Versinkende sind", in der Vatergestalt des „Urteils"[127].

Im Bilde des Vaters erhebt sich der Ursprung und verurteilt das sich entfernende und entfremdende Sein. Er vernichtet die Zukunft. Aber der Vater ist unlösbar mit dem Sohn verkettet, zu verstehen im dramatischen, psychologischen und biologischen Sinn[128]. Mit dem Sohne zerstört auch der Vater seine Zukunft, reißt die Kette der Ahnen, der Geschlechter ab. Indem er die Braut haßt und „*wegfegt*", vernichtet er das Weiterbestehen seines Geschlechts. Indem er den Sohn zum Tode verurteilt, vernichtet er den eigenen Lebenssinn, sich selbst. Er nimmt sein zeugendes Ja zum Leben zurück. Er fällt

---

122 Baumer 107, Haeger 370.

123 Politzer 98.

124 Baumer 108.

125 T 297.

126 Sokel 59, Mautz 260: „Die auffallende Rolle, die das Vater-Sohn-Motiv in der expressionistischen Dichtung allgemein spielt, in den Dramen von Hasenclever (‚Der Sohn'), Bronnen (‚Vatermord'), Sorge (‚Der Bettler'), auch in Kafkas Erzählungen ‚Das Urteil' und ‚Die Verwandlung', deutet auf das Anwachsen solchen Zwanges hin, auf die Verhärtung der menschlichen Beziehungen unterm Druck erstarrter gesellschaftlicher Verhältnisse. Die Gestalt des Vaters verkörpert in diesen Dichtungen die Welt der Väter als die Summe alles Überständigen und Toten, das wie ein Alptraum auf dem Leben lastet."

127 Benjamin, Walter: Schriften II, hrsg. Th. Adorno und G. Adorno, Frankfurt/M. 1955, 197, zit. nach Sokel 9.

128 Edel 223.

selbst, noch bevor der Sohn tot ist. Aber: „Der alte Bendemann ist nur dieses einen Sohnes letzte Instanz[129]." Wir hüten uns vor voreiliger Verallgemeinerung. „... und weil er selbst nichts mehr hat als den Blick auf den Vater, wirkt das Urteil, das ihm den Vater gänzlich verschließt, so stark auf ihn", kommentierte Kafka[130].

Georg ist vernichtet, ohne weitere Gegenwehr – Ablenkung und Ironie versagten – ist er ohnmächtig. Der Sinn des Lebens ist ihm genommen, und damit das Leben. Alles wird mächtig gegen ihn. Angst lähmt[131] und spült ihn fort. Der Spruch vollstreckt das innere Schuldbewußtsein, und Georg vollstreckt schuldbewußt den Spruch. In der Angst ist er dabei hellsichtig und ohnmächtig in einem.

Kafka schrieb am 11. Februar 1913 in sein Tagebuch[132]: „Anläßlich der Korrektur des ‚Urteils' schreibe ich alle Beziehungen auf, die mir in der Geschichte klar geworden sind, soweit ich sie gegenwärtig habe. Es ist dies notwendig, denn die Geschichte ist wie eine regelrechte Geburt mit Schmutz und Schleim bedeckt aus mir herausgekommen und nur ich habe die Hand, die bis zum Körper dringen kann und die Lust dazu hat.

Der Freund ist die Verbindung zwischen Vater und Sohn, er ist ihre größte Gemeinsamkeit. Allein bei seinem Fenster sitzend wühlt Georg in diesem Gemeinsamen mit Wollust, glaubt den Vater in sich zu haben und hält alles, bis auf eine flüchtige traurige Nachdenklichkeit für friedlich. Die Entwicklung der Geschichte zeigt nun, wie aus dem Gemeinsamen, dem Freund, der Vater hervorsteigt und sich als Gegensatz Georg gegenüber aufstellt, verstärkt durch andere kleinere Gemeinsamkeiten, nämlich durch die Liebe, Anhänglichkeit der Mutter, durch die treue Erinnerung an sie und durch die Kundschaft, die ja der Vater doch ursprünglich für das Geschäft erworben hat. Georg hat nichts; die Braut, die in der Geschichte nur

129 Politzer 100.
130 T 297.
131 Brief an den Vater, H 177: „Ich verlor das Vertrauen zum eigenen Tun." 196: „Ich hatte vor Dir das Selbstvertrauen verloren, dafür ein grenzenloses Schuldbewußtsein eingetauscht." 216 „Es ist der allgemeine Druck der Angst, der Schwäche, der Selbstmißachtung." 219: „In der Hand habe ich nichts, auf dem Dach ist alles und doch muß ich das Nichts wählen." Br. Milena 214: „In jener Geschichte hängt jeder Satz, jedes Wort, jede – wenn's erlaubt ist – Musik mit der ‚Angst' zusammen, damals brach die Wunde zum erstenmal auf in einer langen Nacht."
132 T 296.

durch die Beziehung zum Freund, also zum Gemeinsamen, lebt, und die, da eben noch nicht Hochzeit war, in den Blutkreis, der sich um Vater und Sohn zieht, nicht eintreten kann, wird vom Vater leicht vertrieben. Das Gemeinsame ist alles um den Vater aufgetürmt, Georg fühlt es nur als Fremdes, Selbständig-Gewordenes, von ihm niemals genug Beschütztes, russischen Revolutionen Ausgesetztes, und nur weil er selbst nichts mehr hat als den Blick auf den Vater, wirkt das Urteil, das ihm den Vater gänzlich verschließt, so stark auf ihn."

Georg Bendemann

Vom Anfang der Erzählung an haben wir als Leser Einblick in die Gedanken Georg Bendemanns und wissen, was in ihm vorgeht. Die sprachlichen Mittel der Selbstreflexion, der Ironie, der erlebten Rede sind nur für ihn eingesetzt. Wir sehen den Vorgang aus seiner Perspektive, obwohl Georg nirgends als erzählendes Ich postuliert wird, nicht selbst erzählt. Perspektive und Erzählmittel versetzen uns in ihn, zugleich aber erzählt der Erzähler ihn als einen Er. Wir sind also drinnen *und* draußen, mithandelnde Beteiligte und Beobachter. Solche Zwiespältigkeit kennzeichnet Kafkas Erzählhaltung: indem er Eigenes vorführt, sieht er sich zugleich zu, indem er handelt und leidet, registriert und analysiert er zugleich. Der „Brief an den Vater", ein psychologischer Essay über sich selbst, weist diese Züge am sichtbarsten auf, dieselbe Struktur liegt der Erzählhaltung im „Urteil" zugrunde. Gefühl und Erlebnis des Helden erscheinen nicht unmittelbar wiedergegeben, zwar von ihm aus unmittelbar geäußert, aber in der Erzählung gebrochen, und das, ohne daß der Erzähler reflektiert, ohne daß er heraustritt aus dem als Bild und Handlung errichteten Raum. Der Erzähler tritt sich innerhalb dieses seines fiktionalen Bereichs gegenüber, nicht dadurch, daß er ihn durch Reflektieren von außen durchlöchert, aufhebt, öffnet. Die Spiegel stehen in diesem in sich geschlossenen Raum sozusagen nach innen. Das Erzählte flektiert gewissermaßen in sich, durch die zwischen Helden und Erzähler gespaltene Perspektive. Der Erzählraum scheint hermetisch verschlossen, die Elemente und Energien sind voneinander bedingt und aufeinander bezogen. Man kommt nicht zwischen Bild und Sinn; da ist keine Fuge.

Die Erzählhaltung drückt ausschließliche Immanenz aus. Der Erzählraum ist ein undurchbrechbarer Innenraum, ein Spielfeld der Eigenkomponenten, die figurieren. Sokels allgemeine Feststellung – „Sie sind Figuren einer dynamisch beherrschten Seelenlandschaft"[133] – gilt hier ebenso wie die Emrichs zum „Schloß": „Im Grunde sind also K. und die Beamten nichts anderes als e i n e i n z i g e r M e n s c h, der Mensch selbst, der ganze Mensch, der im Widerstreit mit sich selbst steht[134]." Dieser eine Mensch ist im „Urteil" Georg Bendemann. Es wird, wie meist bei Kafka, „aus der Sohnesperspektive erzählt", die „Entfremdung meistens von unten her entwickelt"[135].

Der zitierte Kommentar Kafkas über die Gestalt des Vaters (siehe Seite 56) bestätigt diese Auffassung. Nach Kafka ist auch der Vater eine innere Komponente Georgs, die sich als Gegenüber postuliert. Die Betonung des Freundes als des Gemeinsamen durch Kafka aber hat auch dazu verleitet, nur Georg und den Freund als zwei Komponenten einer Seele zu sehen.

John White beispielsweise deutet den Freund in Rußland als den fernen kindlichen Teil des Ichs von Georg Bendemann, „sein absolutes Selbst"[136]. Der Ansatz Whites und seine Folgerungen bringen vieles zueinander in Bezug. Es fehlt den Schlüssen dann aber an Konsequenz. Georgs Welt, wie sie die Erzählung gibt, umschließt Vater, Mutter, Freund und Braut. Wie man sie auch immer anordnen mag, etwa

Vater

Freund Mutter

Georg

Braut

[133] Sokel 12, auch Edel 221.
[134] Emrich 86.
[135] Pasley 303.
[136] White 212, 213.

es ist ein personales Kräftefeld von seelischen Komponenten und Energien, und Georg in ihrer Mitte, sozusagen der Schnittpunkt der Spannungen, darum der Ort der Auseinandersetzung. Deswegen läßt uns der Erzähler auch in das Feld seiner Gedanken blicken. Das ist der eigentliche Schauplatz der Erzählung. Um den inneren Vorgang mitteilbar zu machen, ver-äußert ihn der Erzähler, objektiviert, indem er ihn durch Figuren darstellt[137]. Der Interpret kann nun, der Schlüssigkeit wegen, das objektiviert Dargestellte wieder ins Innere zurückverlegen und von daher deuten. Dann muß er aber alle Figuren des Typengefüges als Kosmos in das Innere zurückverlegen und alle, auch Vater und Braut, als seelische Komponenten verstehen. Oder aber er hält die Objektivierung fest, auf der ja das Wesen der Kunst als Formgebung des Inneren beruht, dann muß er die Figuren belassen, sie selbstverständlich in einem hier geradezu dramatischen Kräftefeld begreifen, ihre Funktionen darin erkennen, das Ganze zusammen sehen als Bild, das bereits den Sinn birgt und offenbart zugleich. Er muß Dichtung als symbolischer Welt begegnen, nicht als logischem Programm. „Ich zeichnete keine Menschen. Ich erzählte eine Geschichte. Das sind Bilder, nur Bilder", sagte Kafka zu Gustav Janouch[138]. Man kann also nicht, wie White, nur Georg und den Freund „als zwei Teile ein und derselben Person"[139] ansprechen, den Vater und die Braut aber nicht.

Georg Bendemann ist die eigentliche Person, um die es geht, und nur er ist eigentlich Person. Er hat das Signum der Personalität, kenntlich am Namen, mit dem er angesprochen oder genannt wird. Demgegenüber bleiben die anderen Figuren – Vater, Mutter, Freund, Braut – im Typischen. Sie sind Gegenwelt, Funktionen, alle auf Georg bezogen und von ihm abhängig. Dazu bedürfen sie keiner Namen, keiner weitergehenden personalen Setzung. Lediglich die Braut tritt ein wenig hervor. Ihren Namen erfahren wir, obwohl uns sonst

---

[137] Henel 255; Emrich Erz.kunst 74: „Der Erzähler braucht sich nicht mehr ... in endlose Analysen oder Deutungen der Gefühle und Vorstellungen zu verlieren. Er behandelt sie vielmehr wie sichtbare Personen, kann mit ihnen umgehen wie mit wirklichen Menschen und kann daher ein erzählerisches Spiel in Rollenverteilungen mit ihnen aufführen."

[138] Janouch 28.

[139] White 213.

über sie am wenigsten von den agierenden Figuren bekannt wird. Damit nähert sie sich Georg Bendemann und dessen personalem Entwurf. Sie verstärkt nicht das Gegenüber, das der Vater aufbaut, sondern tut sich der anderen Wagschale zu, wenn sie auch viel zu leicht ist. Denn sie erreicht nicht das volle Gewicht der Person, die bleibt, auch für Georg, in seinen Gedanken und im Brief, *„ein Fräulein Frieda Brandenfeld, ein Mädchen aus wohlhabender Familie“* (9, 10). Sie ist in Georgs Existenz noch nicht eigentlich eingetreten. Es könnte auch ein anderes Fräulein aus wohlhabender Familie sein, nicht dieser und nur dieser einmalige Mensch. Der unpersönlichen Konvention entspricht die zweimalige stereotype Formel, wohl schon oft und immer wieder angewendet. Georg ist mit dem Herzen nicht verlobt, und im Persönlichsten scheint er seltsam unpersönlich. Außer der zweimaligen Formel ist von ihr nur als der Braut die Rede. Will er in ihr den Menschen? Will sie indes mehr? Stellte sie sonst so schnell die „Koalitionsfrage“ – *„Du hättest nicht ...“* (10) – wenn sie Georg als Person einzig und über alles liebte? Der Vater scheint doch so unrecht nicht zu haben, wenn er in dieser Beziehung vor allem ein sexuelles Motiv sieht. Demnach wäre Georg Bendemann, angesichts dieses halben, unechten Verhältnisses, aber auch des zu Vater und Freund, nicht in der vollen Personalität, der Persönlichkeit, die in sich selber ruht, weil sie eine Mitte hat, von der Ordnung ausgeht. Das Personale ist steckengeblieben in einem ungeordneten, labilen Kräftefeld anonymer Mächte, wenn hier Person nicht überhaupt nur Spielfeld unbewußter Tiefenkräfte ist, getrübtes Medium des Lebens. Georgs Reife wäre Unreife und Überreife in eins, eine Art fauler Reife, die fällig macht. In diesem Sinne sagt der Vater: *„mein Früchtchen“* (15), *„dummer Junge“* (17) und: *„Wie lange hast du gezögert, ehe du reif geworden bist!“* (17). Das sagt der Vater kurz vor dem Urteilsspruch. Durch ihn, durch den erntegleichen Schnitt, kommt offenbar erst jene angefaulte Unreife zur Reife. Denn Reifwerden bedeutet, nach Edel, „im Wissen und Tun den Bereich des Ichs zu durchbrechen und ihn in Richtung auf die anderen zu überschreiten“[140].

---

140 Edel 219.

Georg, unfähig zu Begegnung und Kongruenz[141], unfähig, die Grenzen seines Ichs zu einem Du, zu einem Gegenüber zu überschreiten, ichbefangen und ichgefangen, erkennt die wahren Bezüge nicht, ist seinsblind[142]. Die Verkennung des Seins macht ihn im Grunde schuldig. Denn darum verhält sich das Ich illusionär, denkt und tut in Zwecken[143] und unter Anschein[144], birgt sich rabulistisch[145] hinter der Fassade des Man, gibt Fürsorge vor[146]. So hat man Georg als Versager[147], Verräter und Doppelverräter (an Freund und Braut)[148], als Schädling[149] gesehen.

Er mag das alles unbewußt sein, nicht willentlich oder gar bösartig. Denn sein in entschiedener Existenz nicht verankertes Bewußtsein treibt dahin. Zuerst verschließt er den Brief spielerisch, hängt wie träumend schweifenden Gedanken nach, lächelt wie abwesend dem Gruß eines Bekannten zu, ist dann dem Vater gegenüber verlegen, verloren, zerstreut, vergißt laufend, was er zur Selbstbehauptung tun will. Schließlich, mit dem Urteil, verliert er „das kontrollierende Bewußtsein"[150], wie *„über eine schiefe Fläche . . . trieb es ihn"* (18), jäh, unaufhaltsam, dem Ende zu. Doch schon vorher ist Georg ein Getriebener. Es trieb ihn zur Braut, deren Haltung trieb ihn zum Brief, es trieb ihn zum Vater ins *„Hinterzimmer"*. Sein Erscheinen dort demütigt und provoziert; es ist aber ein Getriebensein[151]. So waltet das Man, dessen sich sein Denken bedient, in ihm: e s, nicht er, denkt, redet und tut. Wille und Bewußtseinshelle sind überschwemmt. Die Person löst sich auf, weil sie der Zerrung anonymer Komponenten nicht Herr wird. Der Lähmung des Willens folgt der Tod auch der äußeren Person. Es ist ein ungeheurer tödlicher Konflikt von

141 Edel 218.
142 Edel 219, Zimmermann 203, Politzer 96.
143 Zimmermann 196.
144 Edel 220.
145 Zimmermann 196.
146 Edel 221.
147 Edel 222.
148 Sokel 45, 50.
149 Edel 219.
150 Sokel 74.
151 Sokel 74: „Seine Aggression ist nur Fassade, Mittel, den Vater zur Bestrafung aufzustacheln."

Lebenswillen und Getriebensein[152]: „Auflösung der Persönlichkeit[153]."

Und gerade der verklemmte oder hypertrophe, jedenfalls ungesteuerte Trieb, drängt zur Wahrheit. Das Sein treibt zur Einsicht in die Ordnung des Seins. Das Getriebensein löst immer tiefere, unverstellbare Einsichten aus, oft blitzartig erfahren, und die Erkenntnis beschleunigt das Getriebensein. Mit dem Brief läßt Georg zunächst das Erinnern zu[154], mehr noch durch Eintritt in den Raum des Vaters, am meisten durch das, wenn auch widerstrebend zugestandene Gespräch über den Freund. Aber schon ist Georg nicht mehr bei sich, nicht mehr in seinem Raum. Der „punktuelle Kontakt mit der Wahrheit"[155] verstärkt sich, die „Sekunden der Einsicht"[156] häufen sich. *„‚Komödiant!' konnte sich Georg zu rufen nicht enthalten, erkannte sofort den Schaden und biß, nur zu spät – die Augen erstarrt –, in seine Zunge, daß er vor Schmerz einknickte"* (16). Und: *„‚Zehntausendmal!' sagte Georg, um den Vater zu verlachen, aber noch in seinem Munde bekam das Wort einen todernsten Klang"* (17). Die Groteske wird todernst im Moment der Einsicht. So schlägt jäh des Vaters Wissen um den Freund auf Georg herein, die heimliche Konspiration. Und die letzte Erkenntnis, das Urteil, das über ihn erkannt wird, ist eigentlich die letzte Selbsterkenntnis, und weil er es sogleich ohne Einspruch vollstreckt, ist das vom Vater Gesprochene mit der Innenstimme identisch – der Vater ist Sprachrohr – und der Urteilsspruch lautete ebenso und dringlicher in der Ich-Form: *„Jetzt weiß ich also, was es noch außer mir gab, bisher wußte ich nur von mir! Ein unschuldiges Kind war ich ja eigentlich, aber noch eigentlicher war ich ein teuflischer Mensch! – Ich verurteile mich jetzt ..."* (18, Änderung und Sperrung d. Verf.).

Georg gelangt im Urteil zur Erkenntnis, zur Wahrheit, zur Reife[157]. Diese sind offenbar erst im Tode erfahrbar. „Ein erstes Zeichen beginnender Erkenntnis ist der Wunsch zu sterben",

152 Sokel 75.
153 Binder 233.
154 Zimmermann 200.
155 Edel 221.
156 Politzer 95.
157 Sokel 54, Edel 219, Haeger 371.

zeichnete Kafka auf. „Dieses Leben scheint unerträglich, ein neues unerreichbar"[158]. Erkenntnis und Urteil werden identisch, zugleich Urteil und Tod. Indem die Person endgültig zerbricht, kommt sie überhaupt erst zu ihrer vollen Konstituierung, im Erfahren der Grenze. Im Selbstverlust als dem Verlust des Potentiellen und der endgültigen Beschränkung verwirklicht sich der Mensch vollkommen.

So fallen die Figurationen[159] nacheinander dahin. Die Braut wird nicht verteidigt und weggefegt, die Mutter und der Freund, im Vater versammelt, stürzen in ihm zugleich mit dem Spruch. Mit der Erkenntnis fallen die Gegenkräfte, mit der Existenz erlischt auch ihr Widerstand. „Selbstzerstörung aus Erkenntnis", nennt auch Beda Allemann die „Formel der Helden Kafkas"[160].

Schuld und Urteil

Der Vater fühlt sich verlassen und vereinsamt, mißachtet und verfolgt. „*... was blieb mir übrig, in meinem Hinterzimmer, verfolgt vom ungetreuen Personal, alt bis in die Knochen?*" (16) Er klagt über verletzte Treue zu ihm, dem Seniorchef, von seiten des Personals, das „*man verdoppelte*" (9), das eigentlich Georgs Personal ist und den Vater mißachtet. „*Darum doch sperrst du dich in dein Büro, niemand soll stören, der Chef ist beschäftigt ...*" (15). „*Unschöne Dinge*" (12), wie der Vater anfangs andeutet, sind vorgegangen. Der Vater erfährt das Alter, das Sich-Überleben, die Vergänglichkeit. Er rechnet des Sohnes Geschäftserfolge im Grunde sich zu – „*Geschäfte, die ich vorbereitet hatte*" (16) – und hält die Geschäftskunden für die seinen: „*... deine Kundschaft habe*

---

158 H 40.

159 Walser 49: »Die Menschen sind nicht ‚wahr' im psychologischen Sinne, sie sind nicht ‚wirklich' im empirischen, nicht ‚menschlich' im anthropologischen und nicht ‚natürlich' im biologischen Sinne. Sie sind lediglich notwendig innerhalb ihrer Welt ... Die Ordnung dieser geschaffenen Welt ist ihre Organisation, das Charakteristikum dieser ‚Menschen', wir nennen sie besser ‚Figuren', ist ihr Platz, ihre Funktion in der organisierten Welt."

160 Beda Allemann in einem Vortrag „Zeit und Geschichte bei Kafka" am 14. 3. 1967 in Aschaffenburg. (Der Vortrag soll in einer französischen Festschrift erscheinen.)

ich in der Tasche" (17). Er sieht den Sohn über das vom Vater schwer erworbene und vom Sohn mühelos Übernommene leichtfertig hinausschreiten: *„Und mein Sohn ging im Jubel durch die Welt, schloß Geschäfte ab, die ich vorbereitet hatte, überpurzelte sich vor Vergnügen und ging vor seinem Vater mit dem verschlossenen Gesicht eines Ehrenmannes davon"* (16). Des Sohnes Haltung scheint ihm Undankbarkeit, spürbar durch ostentative Verschlossenheit, Flucht vor Begegnung.

Der Sohn ist der Erfolgreichere, weil Jüngere, wobei er nicht einmal sich selbst und der eigenen Leistung, sondern *„glücklichen Zufällen"* (9) den Hauptanteil zuschreibt. Er scheint sich seines Erfolges keineswegs so sicher. Um so sicherer will er e r s c h e i n e n. Er kompensiert Unsicherheit durch Erfolg, verschließt sie. Das Dasein des Vaters wurde seit dem Tod der Mutter zu einem Ruf ans Gewissen.

Das Problem der Generationen, der Auseinandersetzung von Alt und Jung, um so härter je näher man sich steht, wurzelt in der Vergänglichkeit, im Sein zum Tode. Der furchtbare Ernst hinter dem Vater ist ein Schatten des Todes. Das Altwerden, Alleinbleiben und Abtreten-Müssen wird sehr bitter, wenn die Jugend, die natürlicherweise sich Altern und Enden nicht vorstellen kann und lebt, ols ob sie ewig lebe, so ohne Rücksicht über das Altern hinweggeht. Der Alte, Abgehalfterte, im *„Hinterzimmer"* des Lebens, fühlt sich ständig hintergangen, sozusagen bei Lebzeiten beerbt und beerdigt. Sein Widerstand, der alle Macht noch einmal aufbietet und anrafft, entzieht dem Sohn andererseits das Erbe, stößt den Enterbten aus. Der Konflikt der Generationen ist grundsätzlich tragisch, solange er im Kreatürlichen verharrt. Denn zwischen den Generationen lastet die Schuld selten auf einem Teil allein. Schicksal und Schuld sind verkettet. Unterdrückte der alte Bendemann eigensinnig die Entfaltung des Sohnes und hemmte dessen Selbstvertrauen, so überzog sich der junge Bendemann dagegen mit einer dicken Haut von Gleichgültigkeit. Beide verdrängten, der Alte nach außen, der Junge nach innen. Der schwimmt etwas gefühlig, selbstbemitleidend und vielleicht wollüstig im eigenen Ich, gebannt im eigenen Kraftfeld und verschlossen nach außen, jedenfalls zum Vater hin, der ihm das vorwirft: *„Jetzt weißt du also, was es noch a u ß e r d i r* *gab, bisher wußtest du nur von dir!"* (18). Der Alte dagegen hatte von dem Außen zuviel ergriffen und eingenommen und sich erst spät, zu spät, nach dem Tode der Mutter, daraus zurückgezogen.

Beide, Vater und Sohn, hatten sich gegeneinander verschanzt, hatten ihre Lebenssicherheit hinter künstlichen Mauern gesucht, weil beide einander zur Lebensangst geworden waren. Beide hatten sich der Gefährdung der Existenz, wie sie im Bilde der Russischen Revolution – gemeint ist die von 1905 – dreimal (8, 14, 15) angesprochen wird, nicht offen ausgesetzt, waren der Existenzgefährdung mit Geschäftstüchtigkeit begegnet, der Sohn noch erfolgreicher als der Vater, anstatt sich ihr mit Glaubensgewißheit zu stellen. Das Bild des Priesters, der inmitten der Revolution sich als Zeichen des noch lebendigen Opfertodes Christi das Kreuz in die Hand schnitt, der Bezeigung mit eigenem Blut, wird aus der Erinnerung beschworen, und zwar vom Sohn: *„Wenn du nachdenkst, mußt du dich erinnern. Er erzählte damals unglaubliche Geschichten von der Russischen Revolution. Wie er zum Beispiel auf einer Geschäftsreise in Kiew bei einem Tumult einen Geistlichen auf einem Balkon gesehen hatte, der sich ein breites Blutkreuz in die flache Hand schnitt, diese Hand erhob und die Menge anrief"* (14). Eine Ahnung dessen, daß Leben des Opfers, also der Selbstentäußerung und der Selbsthingabe, bedarf, ist mit der Erinnerung an den Freund in beiden noch lebendig, im Vater mehr als im Sohne. Denn er hat seitdem, also auch nach dem Tod der Mutter, dies manchmal wiedererzählt. Jetzt aber erinnert ihn gerade der Sohn daran: *„Du hast ja selbst diese Geschichte hier und da wiedererzählt"* (14). Der Vater war offener gewesen, doch der Sohn beschwört mit der Geschichte diese Offenheit wieder, so wie der Vater ihm offen entgegenkommt, doch der Sohn ist es, der eintritt. Die Zweiseitigkeit, das Ver- und Gebundensein des Verhältnisses von Vater und Sohn, wird deutlich.

Wenn der Komplex Schuld gelten soll – und ohne Schuld kein Urteil –, darf diese Schuld nicht zu eng beschrieben werden. Schuld im juristischen Sinne eines strafbaren Verstoßes gegen positives Recht liegt nicht vor. Aber auch in der Behauptung moralischer Schuld sollte man vorsichtig sein; denn Verlobung, Tüchtigkeit im Geschäft, Entfremdung vom Freund in Rußland – wer war eigentlich *„nach Rußland förmlich geflüchtet“* (7) und entfremdete damit? – also im Zuge aufsteigenden Lebens unvermeidliches Verhalten darf nicht ohne weiteres moralisch belastet werden. Moral ist nicht Unnatur. Sie wäre es, wenn man mit Sokel als Alternative gäbe: „Nur so, in Selbstverbannung, Mißerfolg, Zölibat kann der Sohn unschuldig bleiben[161].“ Die Welt ist verzerrt, absurd. Unschuld ist in Lebensentäußerung zu gewinnen, absolut als Nicht-Leben, im Ungeborensein und im Sterben. Gleichzeitig aber verstrickt Leben und macht schuldig, auch indem es vom Ursprung entfernt. Beide Positionen in ihrer Ambivalenz sind Kafkas: „Wir sind nicht nur deshalb sündig, weil wir vom Baume der Erkenntnis gegessen haben, sondern auch deshalb, weil wir vom Baum des Lebens noch nicht gegessen haben[162].“ Schuld des zur Erkenntnis Angelegten wäre, zu leben im Unzulänglichen, statt unbedingt in der Wahrheit als Askese oder wie immer, Schuld des Lebenden aber wäre, nicht aus der Totalität des Lebens zu leben. Georgs Schuld wäre die von seinem „Leben“ verdrängte Wahrheit und zugleich, daß dieses „Leben“ kein ganzes Leben ist, sondern mattherzig, scheinhaft, halb. In der Lebensdialektik Kafkas liegt die unausgesprochene Synthese: Scheinleben verdeckt die Wahrheit, ganzes, unbedingtes Leben ent-deckt die Wahrheit. Die Ganzheit und Unbedingtheit der Existenz ereignet sich im Tode. Dort fällt Leben mit Wahrheit zusammen. So bei Georg Bendemann.

Die Schuld Georgs ist nicht das Was seines wie blinden, befangenen Tuns, sondern das Wie seines Existierens, die Verkennung des Seins, jenes Schein-Leben „fast schuldlosen Schweigens“, wie es in den „Forschungen eines Hundes“ heißt. Mit Schuld und Spruch wird die verfehlte Seinshaltung belegt[163].

Paradox wie der dialektische Schuldbegriff ist auch die Urteilsformel: *„... eigentlich ... unschuldig ... noch eigentlicher ... teuflisch“* (18). Das Teuflische kann, nach dem Ge-

---

161 Sokel 59.
162 H 101.
163 Emrich 55: „Kafkas Schuldbegriff ist keine Negation oder gar Denunziation des Lebens, sondern Kritik am verstellten Leben.“

sagten, doch nur in der Selbstentwendung, in der Nichtverwirklichung des höheren Selbst zugunsten eines selbstliebenden narzistischen Ichs liegen. In diesem Sinne mag auch „Selbstentfremdung"[164] verstanden werden, was besagt, daß in der Kindheit das Leben einst ganz vorhanden war, aber dann fremd geworden ist. Mit dem Spruch aber kehrt die Selbstentfremdung, die ganz und gar kein „Effekt" ist, kein Brechtscher „V-Effekt", zurück, endet in wiedererreichter Identität des Ichs mit dem Selbst[165]. Was Georg nicht durch Worte, sondern durch die Tat anerkennt und als Sühne vollstreckt, ist die bisherige Verfehlung seines eigentlichen Seins. Zum Unterschied von fast allen „Helden" Kafkas kehrt aber Georg Bendemann zum Sein, in den Ursprung, zurück.

Schuld ist zweiseitig, dialektisch gesehen, „*unschuldig*" und „*teuflisch*" (18), umfassend. Der andere ist mitschuldig. Im „Brief an den Vater" beschreibt Kafka diese verzweifelte Verkettung. Dort läßt er den Vater erwidern: „... daß eigentlich ich der Angreifer gewesen bin, während alles, was Du getrieben hast, nur Selbstwehr ist. Jetzt hättest Du also schon durch Deine Unaufrichtigkeit genug erreicht, denn Du hast dreierlei bewiesen, erstens, daß Du unschuldig bist, zweitens, daß ich schuldig bin, und drittens, daß Du aus lauter Großartigkeit bereit bist, nicht nur mir zu verzeihen, sondern, was mehr und weniger ist, auch noch zu beweisen und es selbst glauben zu wollen, daß ich, allerdings entgegen der Wahrheit, auch unschuldig bin[166]."

Schuld ist vorhanden, Schuldgefühl auch. Weil aber das Gefühl, qualitativ und wohl auch quantitativ, nicht begrenzbar ist, empfindet sich das tiefere, weil verdrängtere Gewissen unbegrenzt schuldig, wenn die Mauern der Selbsttäuschung und Scheinsicherheit geborsten sind. Es erfährt in allem, was ihm fordernd entgegentritt, das Absolute, das Gericht, allmächtig und allwissend, vom Wesen Gottes. Denn das schuldige Gewissen mißt nicht mehr das Andere, sondern das Eigene, ohne Reflexion, Relation und Relativität, es tritt un-

---

[164] Sokel 61.
[165] dagegen Zimmermann 193: „Mit diesem Urteilsspruch des Vaters hat der ‚Verfremdungseffekt' unserer Erzählung seinen Höhepunkt erreicht."
[166] H 221.

bedingt vor sich. Weil es, einmal ungehemmt wirksam, selbst absolut ist, vernimmt es jeden Ruf als das Absolute, so bresthaft er auch irdisch-menschlich verkörpert, so grotesk er auch dargestellt sein mag[167].

Das widerfährt in der Erzählung „Das Urteil" dem Sohn als der Person. Der Zusammenprall mit dem Vater zerbricht das Gewesene und Verschlossene, schmilzt es schmerzend ein. Das Gewissen – und mit der Perspektive Georg Bendemanns erfahren wir seine Innenwelt und sein Gewissen – wird immer mehr mächtig in dem Maße, als die Selbstbeschönigung und die Selbstverteidigung unterliegen, es beruft sich nicht mehr auf die Vorschuld oder Mitschuld eines anderen, die für die eigene nichts bedeuten. So wird der Vater zum Richter, und der Sohn nimmt das Urteil an, indem er es sofort vollstreckt.

Auch das Gericht vollzieht sich immanent. Richter und Verurteilter fallen beide, gemeinsam[168]. Das Selbst ist sich das einzige Gesetz und richtet sich selbst[169]. Die Existenz nimmt an sich selbst Maß[170], erkennt und tilgt ihren Fall[171]. Das Gericht deckt das Sein auf; darum scheint es gerecht[172]. Das Unbedingte richtet sich auf; es gilt. „Unbedingte Existenz und unbedingte ethische Forderung fallen in eins[173]." Die Gesamtheit des Lebens steht im Gericht[174], der Zeitpunkt des Spruches lediglich ist offen[175]. Kafka schrieb in den Oktavheften: „Die Vertreibung aus dem Paradies ist in ihrem Hauptteil ewig: Es ist zwar die Vertreibung aus dem Paradies endgültig, da das Leben in der Welt unausweichlich, die Ewigkeit des Vorgangs aber (oder zeitlich ausgedrückt: die ewige Wiederholung des Vorgangs) macht es möglich, daß wir nicht nur dauernd im Paradies bleiben können, sondern tatsächlich dort dauernd

167 Rehfeld 40.
168 Politzer 100, Edel 221.
169 Emrich 67, Sokel 58.
170 Edel 217.
171 Edel 224.
172 Edel 224: „Der Spruch ist gerecht, ist jenseits von Erbarmen und Liebe, wie es der Wahrheit des Seins entspricht. Hier wiegt nur das Gewicht des Wesens oder Unwesens, nichts wird genommen und nichts wird hinzugefügt, und dies ist das Recht."
173 Emrich 56. 174 Emrich 53.
175 Diese Offenheit scheint relativ, weil der Zeitpunkt von der immanenten Situation abhängt.

sind, gleichgültig ob wir es hier wissen oder nicht[176]." Weil der Mensch also im Paradies ist, ohne daß er es im Leben verwirklicht, befindet er sich permanent und immanent im Gericht, wie K. im „Prozeß". Dem entspricht genau jene andere Aussage Kafkas: „Nur unser Zeitbegriff läßt uns das Jüngste Gericht so nennen, eigentlich ist es ein Standrecht[177]." Das Jüngste Gericht ist immer gegenwärtig, die Ewigkeit und ihr Maß uns immanent. Dieses Standrecht hat Georg Bendemann vollzogen. Der Spruch wird hier, zum Unterschied vom „Prozeß", gefällt, als Entscheidung und Lösung. So fallen Richter und Gerichteter aus der Zeit[178].

Tragisch im Gericht figuriert der Vater[179]: selbst schuldig und doch Richter, Gefäß des Absoluten, aber immer unzulänglich. Verurteilung ist immer auch Selbstverurteilung. Erträglicher wird die Diskrepanz auch durch das Bekenntnis verborgener väterlicher Liebe: *„Glaubst du, ich hätte dich nicht geliebt, ich, von dem du ausgingst"* (16). Und versöhnend wirkt, daß der Vater stürzt, knapp bevor der Sohn fällt. Die entzweite Welt wird geheilt im Tod[180]. Der Tod, als die wirkliche Lösung der Konflikte, ist eines der wesentlichen Themen Kafkas, so auch in „Die Verwandlung", „Die Strafkolonie", „Der Prozeß".

Dem Vater wird etwas vom Vater im Himmel geliehen, Allmacht, Allwissenheit, letzte Instanz. Der Ernst und die Würde Gottes aber überwächst ihn so, daß er grotesk dasteht[181]. Das Absolute kann vor irdischen Augen nicht anders als gebrochen erscheinen, oder es zerstört diese Organe. Kafkas ethischer Rigorismus, seine Radikalität im Sinne des An-die-Wurzel-Gehens, relativiert nicht. Er stellt das Absolute in seiner hiesigen Gebrochenheit dar, das Gesetz, das hereinragt, aber nicht besessen sein kann. Davor gibt es nur Schuld. Die

---

176 H 94.
177 H 43.
178 Schillemeit 282, Edel 224.
179 Edel 222: „Im Urteil ... kommt die Person des Vaters geradezu zur vollen Existenz, indem er die Ernte und die Tragödie seines Lebens einbringt."
180 Den Tod des Ertrinkens sieht Sokel als Eintauchen in den Lebensstrom (68), Rückkehr zur Kindheit (66), Rückkehr ins Paradies (62/63).
181 Emrich Erz.kunst 76: „Das unbedingte Gesetz und das empirische Dasein schließen sich aus."

Skrupel des jungen Luther vor dem deus absconditus müssen ähnlich gewesen sein. Man könnte sagen, aus dem Unbewußten steige der verborgene Gott auf, in welchem Kleide auch immer, Jehova, der Gott des Alten Testaments.

*

Kafka stand mit einer gewissen Skepsis dem eigenen Judentum gegenüber. Wie unerfüllt den Jungen das Ritual und die religiös liberale Erziehung des Vaters ließen, beschreibt der „Brief an den Vater": „Ebensowenig Rettung vor Dir fand ich im Judentum ... Aber was war das für ein Judentum, das ich von Dir bekam! (197) ... Wäre Dein Judentum stärker gewesen, wäre auch Dein Beispiel zwingender gewesen (201) ... daß Du unbewußt die Schwäche Deines Judentums und meiner jüdischen Erziehung anerkanntest (202)[182]." „Was habe ich mit den Juden gemeinsam? Ich habe kaum etwas mit mir gemeinsam"[183], heißt es im Tagebuch, und im vierten Oktavheft steht: „Ich bin nicht von der allerdings schon schwer sinkenden Hand des Christentums ins Leben geführt worden wie Kierkegaard und habe nicht den letzten Zipfel des davonfliegenden jüdischen Gebetsmantels noch gefangen wie die Zionisten[184]."

Franz Kafka schien hier in einer ähnlichen Lage wie Georg Bendemann: die Ausflucht bezeugt Existenz und Notwendigkeit. In diesem Sinne beschwört die Erzählung als Immanenz im Vater den verborgenen Gott, den richtenden, strafenden. Ein zutiefst Jüdisches oder Kreatürliches gegenüber Gott, die Nichtigkeit vor der Allmacht, gestaltet sich über Kafka hinweg, vielleicht gegen seinen Willen. In der Dichtung selbst entdeckt sich Kafkas Gewissen, wie sie Georg Bendemanns Gewissen entdeckt[185]: den notwendigen Ruf nach dem Gericht.

Das Wirkliche, das „*Noch-außer-Dir*" (18), zu dem er gerufen wird, ist nicht nur die vernachlässigte Umwelt, sondern

182 H 197–202.
183 T 350.
184 H 121.
185 Gürster 336: „In Kafkas Werk wird das Gewissen als furchtbare geistige Macht wiederentdeckt." 332: „... daß es in der menschlichen Seele das Erlebnis der Schuld gibt und das Verlangen nach dem Gericht."

genauso das verblaßte göttliche Gegenüber. Denn das anerkannte Gegenüber Gottes verleiht den anderen Dingen, die gegenüber sind, ihre letzte und eigentliche Wirklichkeit. Nur durch Schuld und Gewissen wird der Ursprung und die Ordnung, die bestehen, erfahren. Indem sie Georg Bendemann vernichten, erweisen sie, daß sie sind. Und er erkennt und anerkennt sie, indem er sich ihnen einfügt[186], wenn auch durch den Tod. Er bestätigt sein Schicksal, indem er zuletzt zustimmt: *„Liebe Eltern, ich habe euch doch immer geliebt“* (18).

Die Ordnung gründet auf der Liebe, auch wenn diese nicht verwirklicht werden kann. Der Vater weint um den *„Sohn nach seinem Herzen“* (15). Seinem *„Glaubst du, ich hätte dich nicht geliebt?“* (16) antwortet der Sohn: *„... ich habe euch doch immer geliebt“* (18). Die Liebe, verfremdet und verschwiegen, scheitert in der verfremdenden Welt. Der schuldige Mensch, ohne Gnade, vermag sie nicht von sich aus zu leisten. Die gefühlte, zuletzt bewußte Liebe kommt nicht zueinander. Darum die kreatürliche Angst. Ihr könnte nur die verwirklichte Liebe aufhelfen. Eigentlich scheitert nicht die Liebe, sondern der Mensch ohne Liebe. Das Urteil zerbricht seine Hüllen. Im Scheitern wird die Liebe bewußt. Im Zerbrechen der Existenz erscheint sie als ihr verborgener Kern[187]. Indem er sie untergehend bekennt, verläßt Georg Bendemann die Gebundenheit an ein anonymes Kräftefeld, die Scheinwelt des Als-ob, in die Freiheit des Personalen, kommt vom Ich zum Du, überwindet scheiternd das Scheitern.

Georg Bendemanns Leben war jenes „stehende Marschieren“ gewesen, als das Beda Allemann, nach Kafkas Formulierung, das Dasein, ja in Kafkas Sicht die Menschheitsgeschichte, bezeichnet, Stillstand in der Bewegung, Verharren im Zirkel. Mit der Preisgabe des Ursprungs schien auch die Zukunft verloren. Hier im „Urteil“ aber holt durch den Spruch der Ursprung den Marschierer am Ort ein und sprengt mit dem Leben auch den Zirkel, der sich als der Zirkel des Lebens schlechthin erweist.

---

186 demgegenüber Edel 224: „Er stirbt im Zustand des Nichtwissens ... eine nichtige Existenz.“

187 Kafka, H 44: „Der Mensch kann nicht leben ohne ein dauerndes Vertrauen zu etwas Unzerstörbarem in sich, wobei sowohl das Unzerstörbare als auch das Vertrauen ihm dauernd verborgen bleiben können.“

Sonst läßt Kafka den „Helden“ darin zurück, läßt ihn stehen, hier bricht er ihn auf, indem er die Bewegung im Selbst-Gericht abbricht. An der Grenze wird das Eigentliche frei. Der Tod ist Ende und Anfang.

Sinn und Identität

Wenn es dem Dichter gelungen ist, Sein und Schuld und ihre vielfältigen Bezüge im Bild zu fassen, als Bild lebendig zu machen, muß es schon deshalb mißlingen, dieses kursiv-gedanklich in wenigen Sätzen zu formulieren. Denn wir verlassen damit die dichterische Aussage, um sie in einen ihr nicht angemessenen Raum zu übertragen.

Dem dichterisch gebildeten Vorgang mangelt es, wie allen Phänomenen des Lebens, an Eindeutigkeit. Das war nicht zuletzt Kafkas Problem selbst, daß sich das Leben, so rigoros und radikal er es auch anging, sich eben als zweideutig, mehrdeutig, vieldeutig erwies, dialektisch und paradox. Kafka beruhigte sich nicht damit, aber seine strenge Gesinnung der Wahrhaftigkeit erfuhr gerade dieses, je unerbittlicher sie verfuhr. Eindeutig war offenbar nur der Tod.

Das Sein selbst ist für Kafka rätselhaft[188]. Und so stellt er es dar. Darum sprechen die Interpreten seiner Dichtungen, nach äußerstem subtilem Bemühen, immer wieder von Ambivalenz[189], Vieldeutigkeit[190], Rätselhaftigkeit[191] und Unbefriedigendem der eigenen Deutung[192]. Die Erzählung wie das Werk entzieht sich einer eindeutigen Festlegung. Und wo eine solche handfest in einem Satz gewagt wird – „‚Das Urteil‘ ist . . .“[193] –

188 Emrich 23.
189 Politzer 88, Emrich 33, 58.
190 Politzer 36.
191 Gibian 28.
192 Politzer 102.
193 Baumer 106: „‚Das Urteil‘ ist die furchtbare Verurteilung dessen, der die natürliche Welt und die innewohnende Polarität, die jedem Menschen am eindrucksvollsten durch Vater und Mutter, denen er sein Leben verdankt, begegnet, zwar liebt (‚Liebe Eltern, ich habe euch doch immer geliebt‘), der jedoch unfähig ist, sich ihr ganz hinzugeben, weil sein im letzten Sinne revolutionärer Geist nicht der Geborgenheit und Tradition, sondern dem ungeborgenen Zukünftigen und Absoluten verschrieben ist.“

offenbart sich sogleich die Verwirrung, als Ausdruck und als Inhalt. Andere möchten darum die Dichtung am liebsten als Aphorismus[194], jedenfalls im Kerne, sehen, erkennen Unvereinbares[195], betonen die tragische Ironie[196] und vergleichen den Herantritt eines Absoluten mit Mysterienspielen des Mittelalters[197]. Man nimmt die Psychoanalyse zu Hilfe[198], während oder weil der Vorgang nicht psychologisch motiviert[199]. Etwas Mythisches[200] geht hier vor, das Sein erhebt sich aus Seelengründen und -abgründen geradezu selber, gibt in Archetypen seinen Entwurf kund. Oder man sieht die Überwältigung von innen als Einbruch von außen erlebt und beschrieben, als Einbruch von Überzeitlichem, als Fernbotin Gottes[201]. Aber Gott, der sich da grotesk verkörpert, würde nur als allmächtiger, strafender Richter, „ein grauenhaftes Bild der Religion"[202] sichtbar, und als die „moderne Variante" des Gleichnisses vom verlorenen Sohn wäre „der gütige verzeihende Vater ein ‚Schreckbild' geworden"[203], womit allerdings dieses Gleichnis nicht mehr das vom verlorenen Sohn wäre. Versteht man dagegen das Urteil als Heim-Suchung, Heim-Holung und Heim-Kehr, als Bergung des Kernes unter Zerbrechen der Hülse, dann könnte das biblische Gleichnis, im allerweitesten Sinne, noch angewandt werden.

Mehrere Schichten der Deutung sind freizulegen, nach Sokel[204] die bürgerliche Fassade, der Ödipuskomplex gegen den Vater, der masochistische Selbstvernichtungswillen, die sühnende Moralität, die metaphysische Sehnsucht nach der All-Einheit, die christliche Sühne der Erbsünde, das existenzielle Scheitern des Man.

Die Vielschichtigkeit, die uns als Vieldeutigkeit und Vielgedeutetheit widerfährt, erschwert die literatur- und gattungs-

---

194 Politzer 103.
195 Sokel 55.
196 Zimmermann 207.
197 Sokel 58.
198 Adorno, zit. nach Sokel 19, Baumer 108.
199 Edel 224.
200 Edel 224, Politzer 37.
201 Edel 224.
202 Sokel 6.
203 Zimmermann 207.
204 Sokel 75.

geschichtliche Einordnung. Man sieht die Dichtung aus naturalistischen Ansätzen entstanden[205], voller naturalistischer Details[206], man nimmt sie aber auch als Beispiel expressionistischer Gestaltung[207]. Man entdeckt das Absurde[208] der modernen Literatur, man spricht das Symbolische ab, weil die Voraussetzung „für das ‚Sym', das Zugehören zu einem (göttlichen oder Welt-)Grunde"[209] mangle, man will es darum als „erweiterte Metapher"[210] verstehen, man sucht dieses Erzählen unter Parabel[211] unterzubringen, nicht ohne das Gleichnis sofort als „vieler Auslegungen fähig"[212] zu erweitern, was es, als Gleichung eines bestimmten Bildes und eines parallel gemeintes Sinnes, nicht sein kann, nicht ohne Folgerungen einfach abzubiegen, weil sie „den Charakter dieser Erzählung verfehlen, die eben nicht realistisch, sondern parabolisch verstanden werden will"[213]. Darum schließt man andererseits die Begriffe Allegorie und Parabel für Kafkas Dichtung aus, ebenso den des Symbols[214], um nach einer Kategorie sui generis zu suchen: „Seine Dichtung ist weder allegorisch noch symbolisch. Sie besitzt vielmehr einen Gleichnischarakter, für den die seitherige Ästhetik und Poetik noch keinen Namen bereitgestellt hat[215]." Und selbst wie wir die Erzählform bezeichnen sollen, wissen wir nicht sicher. Für eine Novelle[216] scheint sie zu kurz und zu wenig motivierend, für eine Kurzgeschichte zu geschlossen, zu wenig offen und episodisch. Kafka selbst spricht von „Geschichte"[217] oder von „Erzählung"[218]. „Geschichte" gegenüber der knapperen, abstrahierenden Parabel als „prozeßnahe Abfolge von Situationen"[219] verstanden. Daß wir Benen-

---

205 Emrich 31.
206 Politzer 87.
207 Sokel 12; dagegen Raabe 166.
208 Sokel 61, Zimmermann 196.
209 Anders, Günther: Kafka, Pro und Contra, München 1951, 40, zit. nach Sokel 25.
210 Sokel 25.
211 Gibian 28.
212 Baumer 103.
213 Zimmermann 204.
214 Emrich 76, 77, 81.
215 Emrich 81.
216 so Edel 216.
217 so Kafka in T 293 und Br. Milena 214.
218 so Kafka in B 148.
219 Hillmann 171; Sokel 268.

nung, Einordnung und Deutung in der Schwebe lassen, entspricht der Ambivalenz der Kafkaschen visionär-metaphorischen Welt[220].

Die Identifikation der Erzählung, des Werkes, ist und bleibt schwierig. Das erscheint um so erstaunlicher, als sich Kafka gerade mit dem „Urteil" weitgehend, sofern überhaupt möglich, identifiziert. Betrachten wir nochmals die Parallelitäten und Flexuren.

Georg Bendemann „. . . .*sah dann . . . aus dem Fenster auf den Fluß, die Brücke und die Anhöhen am anderen Ufer mit ihrem schwachen Grün*" (7). Auch Franz Kafka sah beim Niederschreiben der Erzählung, am Morgen, den Fluß, die Brücke, wie es im Tagebuch vom 23. September 1912 heißt. Er sah hinüber auf die Uferhöhen drüben, auf die Prager Kleinseite, wo zwischen zum Hradschin und Veitsdom aufsteigenden Adelspalästen und Bürgerhäusern zartes Grün aus Gärten und an Stiegen sich beimischt. Kafka wohnte damals in einem Eckhaus an der Nicklasbrücke im obersten Stockwerke, mit Blick auf Brücke, Fluß und Uferhöhen, wie die Reproduktion bei Wagenbach[221] zeigt. Raum und Perspektive des Erzählers und seiner Hauptfigur sind also weitgehend parallel.

Die Kongruenz hat Kafka bewußt weitergetrieben und selbst festgestellt. „Georg hat soviel Buchstaben wie Franz. In Bendemann ist ‚mann' nur eine für alle noch unbekannten Möglichkeiten der Geschichte vorgenommene Verstärkung von ‚Bende'. Bende aber hat ebenso viele Buchstaben wie Kafka, und der Vokal e wiederholt sich an den gleichen Stellen wie der Vokal a in Kafka[222]."

Der Erzähler identifiziert Namen und Vornamen der erzählten Hauptfigur mit dem eigenen. Georg Bendemann wäre nach seinem Namen ein verstärkter Franz Kafka, wobei „Bende" mit dem Wortfeld binden zusammenhängt und soviel wie der Gebundene, der Unfreie, bedeuten könnte. So versteckt sich der Dichter hinter seinem Helden. Ähnlich auch in „Die Verwandlung".

Neben der Hauptfigur trägt in der Erzählung nur die Braut

220 Politzer 37.
221 Wagenbach 76/77.
222 T 297.

einen Namen, Frieda Brandenfeld. Und Kafka setzt auch hier parallel: „Frieda hat ebensoviel Buchstaben wie F. und den gleichen Anfangsbuchstaben, Brandenfeld hat den gleichen Anfangsbuchstaben wie B. und durch das Wort ‚Feld' auch in der Bedeutung eine gewisse Beziehung. Vielleicht ist sogar der Gedanke an Berlin nicht ohne Einfluß gewesen und die Erinnerung an die Mark Brandenburg hat vielleicht eingewirkt[223]." Er bezieht den Namen ganz bewußt auf Felice Bauer aus Berlin, der späteren zweimaligen Verlobten (1914, 1917). Er hatte sie einen Monat vor der Niederschrift, am 13. August 1912, kennengelernt. (Sie starb 1960 in den USA; 356 Briefe und 146 Postkarten sind gewechselt worden[224].) Und Kafka eilt in der Erzählung den Ereignissen in seinem Leben weit voraus. Dort i s t der Held genau seit diesem einen Monat, den Kafka Felice Bauer nun kannte, verlobt (9). Kafka muß, unterbewußt oder verborgen, mit der Bekanntschaft schon die Verbindung in der Phantasie vollzogen haben. Heißt es doch zugleich im Tagebuch von der ersten Begegnung „. . . sondern fand mich sofort mit ihr ab . . . Während ich mich setzte, sah ich sie zum erstenmal genauer an, als ich saß, hatte ich schon ein unerschütterliches Urteil[225]."

Kafka nimmt also sein Schicksal dichterisch vorweg. Er lebt es geistig, in der Phantasie bereits vor, gestaltet es, bevor er es lebt. Und weil er es schon durchlebt hat, braucht und kann er es nicht mehr leben. Die Dichtung ist seine Wirklichkeit, sein eigentliches Leben. Das empirische Leben sinkt dagegen zur Wirklichkeit zweiten Grades ab, unglaubhaft, fiktiv. Insofern wäre „Das Urteil" ein in die Zukunft entworfenes Gleichnis Kafkas selbst.

Keine Verlobung Kafkas kam zum Ziel, so wenig wie die Verlobung Georg Bendemanns. In seinem Leben maß Kafka sich allein die Schuld bei. „Keines der Mädchen hat mich enttäuscht, nur ich sie beide[226]." Und er begründete sein Versagen mit seiner Unfähigkeit im Empirischen. „Das wesentliche, vom einzelnen Fall leider unabhängige Hindernis war aber,

---

223 T 297.
224 Born 178.
225 T 285.
226 Brief an den Vater, H 215.

daß ich offenbar geistig unfähig bin zu heiraten[227]." Die Unfähigkeit beruht darauf, daß das geistig und durch dichterische Gestalt Vollzogene in der empirischen Wirklichkeit nicht noch einmal vollzogen, also nur wiederholt werden kann, wenn es neu, echt und wahr sein soll. Kafkas Ausschließlichkeit, der Literatur zu leben, entwertete sein Leben zu einem blassen Anhängsel. Hier versagt jede Behauptung einer Identität.

Auch den Widerstand des Vaters gegen die Heiratsabsichten erfuhr Franz Kafka. Im „Brief an den Vater" zitiert er den Vater: „Sie hat wahrscheinlich irgendeine ausgesuchte Bluse angezogen, wie das die Prager Jüdinnen verstehen, und daraufhin hast Du Dich natürlich entschlossen, sie zu heiraten. Und zwar möglichst rasch, in einer Woche, morgen, heute. Ich begreife Dich nicht, Du bist doch ein erwachsener Mensch, bist in der Stadt, und weißt Dir keinen andern Rat, als gleich eine Beliebige zu heiraten[228]." Das war auf Julie Wohryzek gemünzt, die der Vater Kafkas ablehnte, weil sie Tochter des Synagogendieners, also nach seinem bürgerlichen Vorurteil des Letzten in der Gesellschaft, war. Die Ablehnung der Braut in „Das Urteil" reicht tief ins Grundsätzliche. Und dort setzt sie der Vater auch noch mehr herunter, sie habe eben nur *„die Röcke gehoben"* (15). Und Georg Bendemann steht so ohnmächtig, unfähig und voller Schuldgefühl im Urteil des Vaters, wie sich Kafka selbst beschrieb[229]. Aber Georg Bendemanns Leben endete am Widerstand des Vaters, Kafka lebte trotz dieses Widerstandes und in der Angst weiter. Er objektivierte das bedrückende übermächtige Vaterbild[230].

Dieses notvolle Existieren durch Schreiben war Kafkas Dasein. „Der Sinn für die Darstellung meines traumhaften inneren Lebens hat alles andere ins Nebensächliche gerückt und es ist in einer schrecklichen Weise verkümmert[231]." Kafka stand in dieser kaum auszuhaltenden Spannung von Dichtung,

---

227 Brief an den Vater, H 216.
228 H 213.
229 Politzer Letter 170: „Reading the letter one cannot escape the feeling that Kafka, like his Georg Bendemann, would have thrown himself from a bridge had his father so ordained."
230 Auch in „Die Verwandlung" wird der Vater Schrecken, bombardiert mit Äpfeln, verwundet schwer im Rücken.
231 T 420.

mit der er sich identifizierte, und Leben, das er war, von verschiedener Dichte und verschiedenen Graden der Wirklichkeit. Er versuchte sie zu bestehen durch die vollständige und lückenlose Geschlossenheit seiner geschaffenen Welt im Wort. „... daß es der Lohn für Teufelsdienst ist. Dieses Hinabgehen zu den dunklen Mächten, diese Entfesselung von Natur aus gebundener Geister, fragwürdige Umarmungen und was alles noch unten vor sich gehen mag, von dem man oben nichts mehr weiß, wenn man im Sonnenlicht Geschichten schreibt. Vielleicht gibt es auch anderes Schreiben, ich kenne nur dieses; in der Nacht, wenn mich die Angst nicht schlafen läßt, kenne ich nur dieses[232]." Und in den Fragmenten findet sich der Aphorismus: „Schreiben als Form des Gebets[233]."

Teilhabe an den dunklen und hellen Mächten, Teufelsdienst und Gebet: diese paradoxe, unendlich menschliche und menschlich unendliche Situation bezeugte Franz Kafka: „Ich bin Ende oder Anfang[234]."

Didaktisches Nachwort

Der Sohn blickt im Scheitern hinüber in die Welt der Liebe, an der Schwelle der Heimkehr erscheint das Gesetz. Der Vater verkörpert es, wenn auch irdisch gebrochen. Kafka hat im Vaterbild die Macht des Gesetzes und des Gewissens aufgerichtet, in einer Zeit, da das Vaterbild in der Literatur, etwa bei Rilke oder Gide, immer mehr verblaßte[235].

Die Auflösung der Familie ist nicht zuletzt auch eine Folge des Verlustes des Vaters, nicht nur äußerlich als Gefallener, Gefangener, Geschiedener, auch innerlich, weil er Freund, Kamerad, Lehrer, Berater, Partner, aber nicht Vater sein will, nicht verantwortliche Instanz. So entgeht dem jungen Menschen, vor allem den Söhnen, oft die geistige Auseinandersetzung mit dem Stärkeren, dem sie verflichtet sind, entgeht Formung und Ausbildung des eigenen Kerns. Der Widerstand

---

232 B 385, an Max Brod, Juni 1922.
233 H 348, Spätherbst 1920.
234 Das vierte Oktavheft, H 121.
235 Hartung 225, 227.

fehlt. Schwäche, Bequemlichkeit, materielle Interessen verführen allzuleicht zur Ausflucht oder Überhebung.

Demgegenüber stellt Kafkas Erzählung „Das Urteil" das Generationsproblem, das Problem des Verhältnisses zu Freund und Braut, mit radikaler Schärfe als ein sowohl eigenes als auch inneres. Bei erschreckender Ausgesetztheit des Geschehens ist es zur Wahrheit, nicht nur durch psychologische Stimmigkeit, objektiviert. Die Offenheit allem gegenüber schließt gerade die letzte verborgene Ordnung ein, den Willen zur Ordnung, der jedem ethischen Rigorismus zugrunde liegt. Es geht ums Eigentliche, jenseits des Als-ob der Konvention. Es gibt ein Gewissen, eine Macht, die richtet, über und in allen politischen, juristischen, sozialen, psychologischen und ideologischen Bezügen, in denen wir stehen.

Das sind Dinge, deren Wissen der junge Mensch bedarf. Er braucht die radikale Auseinandersetzung. Kafka erspart sie nicht. Im Gegenteil. Er fordert sie heraus. Der junge Mensch braucht die Konfrontation mit den Phänomenen Vater, Freund, Braut, er braucht das geistige Ringen. Er braucht nicht nur Duldung seiner Ausbrüche und Auswüchse, er braucht den Widerstand. Er braucht mehr als ästhetischen Genuß, dem die Form genügt, er will Inhalte, die sein Gewissen rufen, aber er soll zu ihnen durch das Tor der Form, durch das Bild. Kafka sagte darüber zu Gustav Janouch: „Die Form ist nicht der Ausdruck des Inhaltes, sondern nur der Anreiz, das Tor und der Weg zum Inhalt. Wirkt er, dann öffnet sich auch der verborgene Hintergrund[236]." Soweit Janouch Kafka richtig zitiert und richtig verstand, sah Kafka in der Form einen Schlüssel. Auch für die Erziehung ist sie das: strenger Dienst am Wort, den Kafkas Texte fordern.

Jugend will Unbedingtes. Das Wort Kafkas stellt uns unbewehrt davor. Es zu erschließen und sich mit ihm zu messen, ist für den geistigen jungen Menschen nach der Pubertät, nicht erst für den Studenten, ein notwendiges Wagnis.

Kafka selbst forderte dieses Wagnis. Knapp zwanzigjährig schrieb er an Oskar Pollak: „Wenn man so ein Leben überblickt, das sich ohne Lücke wieder und wieder höher türmt, so

[236] Janouch 104.

hoch, daß man es kaum mit seinen Fernrohren erreicht, da kann das Gewissen nicht zur Ruhe kommen. Aber es tut gut, wenn das Gewissen breite Wunden bekommt, denn dadurch wird es empfindlicher für jeden Biß. Ich glaube, man sollte überhaupt nur Bücher lesen, die einen beißen und stechen. Wenn das Buch, das wir lesen, uns nicht mit einem Faustschlag auf den Schädel weckt, wozu lesen wir dann das Buch? Damit es uns glücklich macht, wie Du schreibst? Mein Gott, glücklich wären wir eben auch, wenn wir keine Bücher hätten, und solche Bücher, die uns glücklich machen, könnten wir zur Not selber schreiben. Wir brauchen aber die Bücher, die auf uns wirken wie ein Unglück, das uns sehr schmerzt, wie der Tod eines, den wir lieber hatten als uns, wie wenn wir in Wälder verstoßen würden, von allen Menschen weg, wie ein Selbstmord, ein Buch muß die Axt sein für das gefrorene Meer in uns[237]."

[237] B 27 f., 1904 an Pollak. Sperrung d. Verf.

DIE VERWANDLUNG

interpretiert von Carsten Schlingmann

Das Motiv der Verwandlung eines Menschen in ein Tier ist in der Literatur nicht neu. Die klassischen Mythen und Fabeln, die Erzählungen der Naturvölker und die uns vertrauten europäischen Märchen sind reich an solchen wunderbaren Vorgängen. Keinen aufgeklärten Leser wird das stören, da er sie sogleich als Erfindungen einer naiven, vorwissenschaftlichen Bewußtseinsstufe durchschaut und gar nicht erst nach den Maßstäben seiner Erfahrungswelt zu beurteilen versucht. Wir nehmen es hin, wenn in Homers Epos die zaubermächtige Kirke die Gefährten des Odysseus in Schweine verwandelt, und finden es ebenso in Ordnung, daß in „Grimms Märchen" der von einer Hexe in einen Frosch verwandelte Königssohn durch eine Prinzessin wieder von seiner Tiergestalt erlöst wird. Aber auch ein zeitgenössischer und sehr intellektueller Autor befremdet uns nicht, wenn er geistreich schildert: „Warum ich mich in eine Nachtigall verwandelt habe[1]." Hier ist es die glückliche Mischung von Ironie, Komik und Satire, die es dem Leser ermöglicht, sich auf das Spiel mit der Verwandlung einzulassen. Immer ist es die Eindeutigkeit der Unterscheidung von empirischer Wirklichkeit und naiver, phantastischer oder ironischer Welt der Dichtung, die uns die richtige Einstellung finden läßt. Erst sie gibt uns die innere Freiheit, mit der wir auf die spezifische Verbindlichkeit der Dichtung reagieren können.

An solcher Eindeutigkeit und damit auch Freiheit scheint es Franz Kafkas Erzählung „Die Verwandlung" zu fehlen. Es geht deshalb von ihr etwas außerordentlich Beunruhigendes und Peinigendes aus, das zur Abwehr reizt. In ihr sind ein empirisch unmöglicher Verwandlungsvorgang und eine geradezu bedrückend reale Familiengeschichte miteinander verbunden. Diese Verbindung ist weder naiv noch ironisch. Distanzlos, ernst und unsentimental werden die Folgen beschrieben,

1 Titel einer der „Lieblosen Legenden" von Wolfgang Hildesheimer (Bibl Suhrkamp, Bd. 84, S. 74–81).

welche die Verwandlung eines fleißigen Geschäftsreisenden in ein Ungeziefer für diesen selbst und für seine Familie nach sich zieht. Mit großer Genauigkeit sind die einzelnen Phasen einer sich über mehrere Monate erstreckenden Entwicklung wiedergegeben. Am Anfang dieser Entwicklung steht ein rätselhaftes Ereignis, sie selbst aber ist von zwingender Folgerichtigkeit. Es läßt sich verstehen, daß diese längste Erzählung Kafkas – umfangreicher sind nur die drei aus dem Nachlaß veröffentlichten fragmentarischen Romane „Amerika", „Der Prozeß" und „Das Schloß" – zu seinen meist beachteten Dichtungen gehört. Besonders im Ausland hat man sich viel mit diesem Werk beschäftigt, das, unabhängig von den Übersetzungsschwierigkeiten, in der Gestalt des zum Ungeziefer verwandelten Vertreters ein unvergeßliches und vieldeutiges Symbol besitzt. „Die Verwandlung" ist nach der Erzählung „Das Urteil" die erste größere vollendete Dichtung Kafkas; sie entstand nur einige Wochen später zwischen dem 17. November und dem 7. Dezember 1912[2]. Daneben entstanden auch die ersten Kapitel des Amerika-Romans. – Kafka hatte die Eigenart, nur in einem besonders inspirierten Zustand, abgeschieden von seiner Umwelt, schreiben zu können. Deswegen schrieb er am liebsten nachts, wenn er vor Lärm und Störungen sicher war. Neben langen Perioden schriftstellerischer Unproduktivität erlebte er Zeiten, in denen allein familiäre Verpflichtungen, Beruf und körperliche Hinfälligkeit ihn daran hinderten, ununterbrochen zu schreiben. Eine solche Zeit waren die zehn Wochen im Spätherbst 1912, in denen „über vierhundert Manuskriptseiten"[3] entstanden. Kafka pflegte, nachdem er bis zwei Uhr mittags in der Arbeiter-Unfall-Versicherungs-Anstalt seiner Tätigkeit nachgegangen war, bis zum Abend zu schlafen, um dann gegen elf Uhr nachts mit dem Schreiben anzufangen. Dies „‚Manöver'-Leben", wie er es nannte[4], wurde ihm einmal fast unmöglich gemacht, weil die Familie ihn drängte, sich an seinen freien Nachmittagen um die Fabrik seines Schwagers zu kümmern,

---

2 Vgl. M. Pasley/K. Wagenbach „Datierung sämtlicher Texte Franz Kafkas" im „Kafka-Symposion", Berlin 1965, S. 64.
3 K. Wagenbach „Franz Kafka", rm 91, S. 74
4 „Briefe an Milena", S. 208.

der auf einer Geschäftsreise war; und selbst seine sonst so verständnisvolle jüngste Schwester ergriff in diesem Falle Partei gegen ihn[5]. Diese und noch andere persönliche Situationen, so auch die Lage der Wohnung mit Kafkas Zwischenzimmer, sind in abgewandelter Form in die bald darauf entstandene „Verwandlung" eingegangen. Es wäre nun aber ganz abwegig, die Geschichte selbst als verschlüsseltes autobiographisches Dokument deuten zu wollen, auch wenn der Autor selber zu dieser Auffassung neigen mochte. Als nur privates Zeugnis wäre das Werk literarisch bedeutungslos. Es ist vielmehr so, daß hier reale Verhältnisse einem Dichter als Bausteine gedient haben für ein Kunstwerk, das seine Gestalt doch dessen Erfindungskraft verdankt. Es hat sogar den Anschein, als habe Kafka selbst erst nachträglich sein eigenes Leben mit Hilfe seiner Dichtungen zu begreifen versucht, was dann in seinen Tagebüchern und Briefen zu allen möglichen Übertreibungen und Verzerrungen geführt hat. Wir als Leser dürfen jedenfalls diesen Fehler des „Biographismus" nicht machen und müssen uns bei jedem Seitenblick auf die Lebenszeugnisse Kafkas der Fragwürdigkeit eines solchen Hilfsmittels für die Interpretation des Werkes bewußt bleiben. Wir wollen uns an die Dichtung selbst halten und versuchen, die ihr eigene Ordnung annäherungsweise zu erkennen.

„Als Gregor Samsa eines Morgens aus unruhigen Träumen erwachte, fand er sich in seinem Bett zu einem ungeheueren Ungeziefer verwandelt." (19) Mit diesem ersten Satz ist das eigentlich Unbegreifliche der Geschichte vor ihren Anfang verlegt. (Schon die antike Tragödie, etwa der „König Ödipus", kannte dieses Prinzip.) Von einer nächtlich vor sich gegangenen körperlichen Verwandlung ist bis zum Ende der Erzählung nicht die Rede. Einzig die *„unruhigen Träume"* geben Anlaß zu einer Vermutung über die Art, wie es zu der Verwandlung gekommen ist. Daß diese selbst kein Traum ist, hat auch Gregor nach einem Blick durch sein Zimmer rasch gemerkt. Andererseits ist nirgends im Text ein Anhalt dafür, daß die *„unruhigen Träume"* in einem ursächlichen Zusammenhang mit dem schrecklichen Ereignis stehen. Wir dürfen

---

[5] Vgl. Kafkas „Briefe", S. 107 ff.

in sie also auch nichts Derartiges hineindeuten. Ihren Sinn innerhalb der Dichtung erfassen wir wohl am besten, wenn wir den ersten, fast formelhaft anmutenden Halbsatz als eine Beschwörung des epischen Vorgangs nehmen. Im klassischen Epos werden am Anfang die Musen angerufen; das Märchen kennt das raunende, poetisches Leben erweckende „Es war einmal". Hier bei Kafka sind es *„unruhige Träume"*, aus denen die Erzählung aufsteigt. Im Text heißt es natürlich nicht, daß die Erzählung, sondern daß *„Gregor Samsa eines Morgens aus unruhigen Träumen erwachte"*. Aber dieser ist ja nicht einfach – wie in der traditionellen Erzählung – die Hauptperson; vielmehr geht das Werk selbst – sieht man vom problematischen Schluß ab – fast in der Gestalt des Verwandelten auf. Erzählvorgang und Erzähltes sind hier, wie im einzelnen noch zu zeigen sein wird, durch die Art der Perspektive nahezu in eins gesetzt. So wie die Erzählung unvermittelt einsetzt, beginnt auch ihr „Held" Gregor für uns erst im Zustand der Verwandlung zu existieren. Der Leser muß, wenn die Lektüre nicht unverbindlich bleiben soll, diesen schwierigen Schritt in die bereits vollzogene Verwandlung tun, so wie er es gewohnt ist, sich eben jenem „Es war einmal" im Märchen anzuvertrauen. Beklemmend ist aber nun, daß man, sobald der erste Satz akzeptiert ist, sich nicht weiter in eine Märchenwelt hineinbewegt, sondern sich immer stärker einer andrängenden und auf Grund eigener Erfahrungen nacherlebbaren „Realität" konfrontiert sieht. Schon im zweiten Satz wird aus der allgemeinen Benennung *„ungeheueres Ungeziefer"*[6], die noch in einem metaphorischen Sinne verstanden werden könnte, eine sinnlich-plastische Vorstellung. Eine Art von Riesenkäfer beginnt sich vor uns abzuzeichnen. Auffällig ist, daß es nicht heißt *„Er lag auf einem"*, sondern *„auf seinem panzerartig harten Rücken"*. Schon hier läßt die Erzählung keinen Zweifel mehr daran, daß Gregor nicht ein Mensch in Tiergestalt ist, daß also nicht – wie im Märchen – eine Menschenseele in einen häßlichen Tierkörper verbannt ist, sondern daß Gregor mit dem *„ungeheueren Ungeziefer"* identisch ist. Das wird auch in dem Satz, der seinen letzten Augenblick schildert, noch

[6] Dreimal erscheint im ersten Satz das Präfix un-, gleichsam als wolle die Erzählung sich uns als eine Schöpfung ex negativo vorstellen.

einmal deutlich (69): *„Dann sank sein Kopf ohne seinen Willen gänzlich nieder, und aus seinen Nüstern strömte sein letzter Atem schwach hervor.“* Ebenso beiläufig, wie hier von Gregors *„Nüstern“* gesprochen wird, erfährt der Leser: daß die *„Ballen seiner Beinchen . . . ein wenig Klebstoff“* haben; daß er *„keine eigentlichen Zähne“* hat, dafür sind *„die Kiefer freilich sehr stark“* (30); daß er *„mit seinen Fühlern“* zu tasten lernt; daß er *„kreuz und quer über Wände und Plafond“* (47) kriechen kann; daß er sich manchmal wanzenartig von der Decke losläßt und, ohne sich zu beschädigen, *„auf den Boden klatscht(e)“* (47); daß er einen *„riesigen braunen Fleck auf der geblümten Tapete“* (51) bildet und daß schließlich die derbe Bedienerin ihn mit *„alter Mistkäfer!“* (59) anredet.

Diese realistischen Details scheinen geradezu eine bildliche Darstellung des Ungeziefers herauszufordern. Doch Kafka selbst war anderer Auffassung. Er erschrak vor dem Gedanken, der Illustrator Ottomar Starke könnte für das Titelbild der Buchausgabe der „Verwandlung“, die 1915 im Verlag Kurt Wolff in Leipzig erschien, „etwa das Insekt selbst zeichnen wollen. Das nicht, bitte das nicht!“, schrieb er an den Verlag[7] und fügte als Begründung hinzu: „Das Insekt selbst kann nicht gezeichnet werden. Es kann aber nicht einmal von der Ferne aus gezeigt werden.“ Diese Erklärung kann als Hinweis dafür dienen, daß man den Realismus der Darstellung nicht als Darstellung äußerer Realitäten mißverstehen darf. Vielmehr ist er ein künstlerisches Mittel, durch das der Autor innere – freilich durch die äußere Welt vermittelte – Vorgänge und Zustände „zur Sprache bringen“ konnte[8]. Bezeichnend sind die Vorschläge, die Kafka im selben Brief für eine Illustration seiner Dichtung machte; er würde „Szenen wählen, wie: die Eltern und der Prokurist vor der geschlossenen Tür oder noch besser die Eltern und die Schwester im beleuchteten Zimmer, während die Tür zum ganz finsteren Nebenzimmer

---

[7] „Briefe“, S. 135 f.

[8] Wie Kafka selbst die Möglichkeiten der Sprache einschätzte, zeigt folgende Notiz („Hochzeitsvorbereitungen“, S. 45): „Die Sprache kann für alles außerhalb der sinnlichen Welt nur andeutungsweise, aber niemals auch nur annähernd vergleichsweise gebraucht werden, da sie, entsprechend der sinnlichen Welt, nur vom Besitz und seinen Beziehungen handelt.“

offensteht". Er hält also nur den Nebenschauplatz und die Nebenpersonen, von denen der Leser durch die Erzählung kaum eine sinnliche Vorstellung gewinnen kann, für eine Darstellung geeignet, während der so greifbar gewordene „Held" und sein recht genau geschildertes Zimmer im Dunkel bleiben sollen. Der Grund ist, daß allein mit dem Medium der Sprache der in ein Ungeziefer Verwandelte angemessen erfaßt werden kann; eine Zeichnung könnte ihn nur von außen zeigen, wodurch er zu einem Objekt der Neugier würde, von dem sich der Leser innerlich distanzieren könnte. Gerade das aber widerspäche dem Geist dieser Erzählung, deren Haltung und Perspektive eben diese Distanzierung verhindern.

„Die Verwandlung" ist nicht wie etwa die vier „Tiergeschichten" Kafkas – „Der Riesenmaulwurf", „Ein Bericht für eine Akademie", „Forschungen eines Hundes" und „Der Bau" – eine Ich-Erzählung. Weder erzählt hier der Verwandelte selbst noch wird ein persönlicher Erzähler spürbar. Das erinnert an den objektiv-chronikalischen Stil der Novellen Kleists, den Kafka besonders liebte. Doch im Gegensatz zu jenen wird „Die Verwandlung" fast ganz aus der Perspektive des „Helden" erzählt. Auf den ersten zwei Seiten heißt es fünfmal *„dachte er"*, und jedesmal werden Gregors Gedanken in wörtlicher Rede, also als innerer Monolog, wiedergegeben. An manchen Stellen geht dieser in die sogenannte erlebte Rede über, die zwar die Er-Form und das epische Präteritum benutzt, ihr Orientierungszentrum aber im Bewußtsein des erlebenden Ichs hat. *„Sollte der Wecker nicht geläutet haben?"* (21) ist der Anfang einer solchen erlebten Rede. Sie reicht bis zum Ende des Absatzes, und der nächste beginnt: *„Als er dies alles in größter Eile überlegte . . ."* Die erlebte Rede gestattet eine sehr differenzierte Wiedergabe der Überlegungen Gregors, bei der sich der Charakter des objektiven Berichts mit dem der Erlebnisnähe verbindet. In der Beschreibung der Handlungen und Vorgänge in der Wohnung der Familie Samsa geht die Erzählung selten über das hinaus, was Gregor auch aus der Ich-Perspektive beschreiben könnte. Erst gegen Schluß, da Gregor gestorben ist und in einem Epilog die Reaktion der Familie gezeigt wird, ändert sich natürlicherweise dies Verhältnis.

Die Erzählung enthält sich aller Schilderungen, die keinen unmittelbaren Bezug zu dem jeweiligen Körper- und Geisteszustand Gregors haben. Es wird nicht sein käferartiger Leib als solcher beschrieben, sondern es wird gesagt: was er von sich zuerst sieht; wie seine Beinchen ihm vor denAugen flimmern; daß er die juckende Stelle auf seinem Bauch *„mit lauter kleinen weißen Pünktchen besetzt“* (20) findet; wie er erschrickt, *„als er seine antwortende Stimme hörte, die wohl unverkennbar seine frühere war, in die sich aber, wie von unten her, ein nicht zu unterdrückendes, schmerzliches Piepsen mischte ...“* (21). Auch sein Zimmer wird nicht beschrieben, sondern nur das, was jeweils Gregors Blick von ihm erfaßt. Die Nebenpersonen, ihre Gespräche und Handlungen, ebenso die übrige Wohnung treten nur soweit in Erscheinung, wie die Perspektive Gregors reicht. Alles darüber hinaus wird höchstens als Vermutung wiedergegeben, so etwa in dem Satz: *„Infolge der Holztür war die Veränderung in Gregors Stimme draußen wohl [!] nicht zu merken, denn die Mutter beruhigte sich mit dieser Erklärung und schlürfte davon.“* (22) Ähnlich wird ein andermal an den Klang der Stimme eine Vermutung über die Haltung des Sprechenden geknüpft: *„Grete antwortete mit dumpfer Stimme, offenbar [!] drückte sie ihr Gesicht an des Vaters Brust ...“* (52). Besonders an einem Satz wie dem folgenden wird deutlich, daß das Orientierungszentrum der Erzählung ganz in dem Verwandelten liegt: *„Man hörte, wie er das komplizierte Schloß aufsperrte und nach Entnahme des Gesuchten wieder verschloß.“* (42) Hier hört der „Geist der Erzählung“[9] stellvertretend für den „Helden“, wie im Nebenzimmer der Vater an der ihm so bekannten kleinen Geldkassette hantiert. Stellen, an denen sich die Erzählung erlaubt, eine zwischen Gregor und dem Leser vermittelnde Erklärung abzugeben, sind äußerst selten und beschränken sich auf einen knappen Wink. So heißt es gleich am Anfang in Parenthese: *„– Samsa war Reisender –“* (19), und einmal wird mit einem *„übrigens“* der Leser aufgeklärt: *„Zuerst wollte er mit dem*

---

[9] „Der Geist der Erzählung“ im Sinne Thomas Manns; in seinem Roman „Der Erwählte“ (Frankfurt 1951, S. 10) ist es dieser Geist, der die Glocken Roms läutet. Vgl. auch Wolfgang Kaysers Aufsatz „Wer erzählt den Roman“ (in „Die Vortragsreise“, Bern 1958, S. 83–101).

unteren Teil seines Körpers aus dem Bett hinauskommen, aber dieser untere Teil, den er übrigens [!] noch nicht gesehen hatte ..." (23). Das „*hinauskommen*" ist hier ganz deutlich aus der Perspektive des im Bett Liegenden gesprochen, während der Relativsatz einen Zusatz des sonst nicht in Erscheinung tretenden „Erzählers" darstellt. Man wird eine solche Stelle kaum als Beweis für das Vorhandensein eines persönlichen Erzählers betrachten können, denn die dafür typischen Reflexionen und Urteile fehlen der Erzählung völlig. Sie bezieht keine Stellung zu den in ihr beschriebenen Vorgängen, beschränkt sich vielmehr auf das Schritt für Schritt erfolgende Durchsichtigmachen des für Gregor so neuartigen Zustandes und der sich daraus entwickelnden Beziehungen zu seiner Umwelt. Dieser Mangel an jeder anderen Orientierung außer der, die sich mit dem Erwachen des zum Ungeziefer Verwandelten einstellt, ist wohl ein Hauptgrund für die Abwehrreaktion, mit der sich der Leser gegen diese Dichtung zu schützen sucht. Denn ohne die Möglichkeit, einen Distanz Gewährenden Standort zu gewinnen, sieht er sich stets in Gefahr, sich mit ihrem „Helden" identifizieren zu müssen.

Nun scheint ja am Schluß, nach dem Tode Gregors und mit der Befreiung der Familie von der niederdrückenden Last, die Erzählung eine andere und hoffnungsvollere Ebene zu erreichen, die es dem Leser gestattet, jene Verwandlung wie einen bösen Alptraum abzuschütteln. Doch dieser Epilog, der anfängt „*Als am frühen Morgen die Bedienerin kam ...*" (69), kann einen solchen Anspruch nicht erfüllen. Auch Kafkas eigenes Urteil über die „Verwandlung", besonders über den Schluß, mahnt zur Vorsicht. Am 19. Januar 1914 notierte er in sein Tagebuch[10]: „Großer Widerwillen vor ‚Verwandlung'. Unlesbares Ende. Unvollkommen fast bis in den Grund. Es wäre viel besser geworden, wenn ich damals nicht durch die Geschäftsreise gestört worden wäre." Diese harte Selbstkritik ist zumindest bedeutsam als Hinweis darauf, daß am Ende der Erzählung ein Bruch in der Gestaltung vorliegen könnte. Dieser Schluß wirkt zweifellos zynisch. Es heißt, die Bedienerin „*stieß ein wenig in Gregor hinein*" und rief den Eltern zu, „*es*

10 „Tagebücher", S. 351.

ist krepiert" (69). Später erklärt sie ihnen, *„darüber, wie das Zeug von nebenan weggeschafft werden soll, müssen Sie sich keine Sorge machen"* (72). Diese Roheiten sind wohl noch aus dem bereits früher als derb geschilderten Wesen der Bedienerin (59 f.) zu verstehen; sie weiß ja gar nicht, daß es sich um den Sohn der Familie handelt. Die Reaktion der Familie selbst aber ist erschreckend. *„‚Nun', sagte Herr Samsa, ‚jetzt können wir Gott danken.' Er bekreuzigte sich, und die drei Frauen folgten seinem Beispiel."* (69 f.) Die Erleichterung über den Tod des zur Last gewordenen Sohnes wird konventionell christlich verbrämt, und auch die Trauer ist kaum mehr als Pose: *„Da öffnete sich die Tür des Schlafzimmers, und Herr Samsa erschien in seiner Livree, an einem Arm seine Frau, am anderen seine Tochter. Alle waren ein wenig verweint; Grete drückte bisweilen ihr Gesicht an den Arm des Vaters."* (70) An die Stelle der erhofften *„Besserung"* Gregors (34, 46, 48) ist jetzt eine ziemlich äußerliche *„Besserung der Lage"* (72) getreten, und die *„Aussichten für die Zukunft"* (72) – man wird bald für die schön und üppig gewordene Tochter einen *„braven Mann"* (73) suchen – sind angesichts der Tragödie Gregors von deprimierender Bürgerlichkeit. „Gerade weil dieses Ende als Kontrapunkt zu der Erzählung von Gregors Verwandlung gedacht ist und gerade weil sich dieser Kontrapunkt in Harmonie auflöst, klingt er falsch[11]." Dieser falsche Klang, dieser etwas leere und banale Schluß läßt sich auch schon dadurch erklären, daß die Erzählung mit dem Verschwinden Gregors ihr Orientierungszentrum verloren hat. Die Erzählperspektive ist plötzlich flächenhaft geworden. Äußeres Kennzeichen dafür ist, daß nun nicht mehr vom Vater und von der Mutter die Rede ist, sondern von Herrn und Frau Samsa. Aus dem Elternpaar, das bis dahin nur in seinem Bezug zu dem Verwandelten zu erfassen war, ist jetzt ein gewöhnliches Ehepaar Samsa geworden. Dadurch verliert auch der Name Samsa einiges von seiner bedeutungsvollen Durchsichtigkeit und bekommt etwas Zufälliges. Denn natürlich besteht zunächst zwischen dem Namen des Dichters und dem Namen des verwandelten „Helden" ein Zusammenhang, ähnlich wie bei den Namen Raban („Hoch-

---

[11] H. Politzer „Franz Kafka, der Künstler", S. 129.

zeitsvorbereitungen")[12], Georg Bendemann („Das Urteil"), Josef K. („Der Prozeß") und K. („Das Schloß"). Das Privatleben des Franz Kafka darf man dabei ruhig aus dem Spiele lassen. Dagegen ist aber die Beziehung des Erzählers Kafka zu seiner Gestalt Gregor Samsa offensichtlich. Freilich hat Kafka auf eine entsprechende Frage selbst geantwortet: „Es ist kein Kryptogramm. Samsa ist nicht restlos Kafka. ‚Die Verwandlung' ist kein Bekenntnis, obwohl es – im gewissen Sinne – eine Indiskretion ist . . . Ist es vielleicht fein und diskret, wenn man über die Wanzen der eigenen Familie spricht?"[13] Hinter dem Namen Samsa versteckt sich nicht Kafka; vielmehr ist das Verhältnis so, wie es die Namen andeuten: „Samsa ist nicht restlos Kafka." Nicht um ein verschlüsseltes Bekenntnis handelt es sich, sondern um das freie Produkt einer bestimmten „dichterischen Persönlichkeit"[14], die sich allerdings nicht gescheut hat, durch die Verwendung familiärer Erfahrungen als Material „im gewissen Sinne – eine Indiskretion" zu begehen. Auch durch das Wort „Wanze" lasse man sich nicht verführen, eine direkte Beziehung zwischen dem „ungeheueren Ungeziefer" der Erzählung und dem Prager Versicherungsangestellten Kafka herzustellen. Gerade jener in der Differenz der Namen sich ausdrückende „Rest" macht die Wahrheit der bestehenden Beziehung aus: „Der Standpunkt der Kunst und des Lebens ist auch im Künstler selbst ein verschiedener", notierte Kafka sich 1918 in sein Oktavheft[15]. Im Tagebuch spricht er von seinem alles andere ins Nebensächliche rückenden „Sinn für die Darstellung meines traumhaften inneren Lebens"[16]. Durch eben diese dichterische Darstellung wurde aus dem Privatissimum seines „traumhaften inneren Lebens" die allgemein be-

---

[12] In diesem bereits 1907 entstandenen Fragment „Hochzeitsvorbereitungen auf dem Lande" (erschienen im gleichnamigen Band der Ausgabe des S. Fischer Verlags) findet sich das Motiv der Verwandlung schon angedeutet: Raban wünscht sich die Fähigkeit, seinen Körper auf Reisen zu schicken, während er selbst im Bett die „Gestalt eines großen Käfers" (12) annimmt. Diese Aufspaltung der Person in einen Körper, der die Unbequemlichkeiten des Lebens auf sich nimmt, und ein Ich, das sich mit sich selbst beschäftigt, gibt es in der radikaleren „Verwandlung" nicht mehr.

[13] G. Janouch „Gespräche mit Kafka", S. 29.

[14] M. Walser „Beschreibung einer Form", München 1961, S. 11.

[15] „Hochzeitsvorbereitungen", S. 104.

[16] „Tagebücher", S. 420.

deutsame Erfindung eines Verwandelten namens Gregor Samsa. Der Begriff des Traumhaften gibt Gelegenheit, noch einmal an den ersten Satz der Erzählung anzuknüpfen. Die „*unruhigen Träume*", aus denen Gregor erwacht, stellen gleichsam eine letzte Rückerinnerung der Erzählung an jenen Bereich dar, dem sie ihre Entstehung verdankt. Mit dem ersten Satz aber verwandelt sich der Traum in Dichtung, die selbst nicht mehr Traum ist, sondern höchst waches Kunstwerk.

Der als „*ungeheueres Ungeziefer*" erwachte Gregor Samsa ist kein in einen Tierkörper verbannter Mensch, vielmehr besteht Identität zwischen Gregor und dem Ungeziefer. Etwas anderes ist die Frage, ob Gregor das auch erkennen kann. Erwacht, nimmt er die als eine existentielle Tatsache hingestellte Verwandlung zuerst mit dem Gesichtssinn wahr, also sozusagen von außen. Er sieht seinen gewölbten Bauch und die unabhängig von seinem Willen sich bewegenden Beinchen vor sich. Die mechanische Frage an sich selbst „*Was ist mit mir geschehen?*" zeigt, wie weit seine Fähigkeit zur Selbsterkenntnis in diesem Augenblick hinter der Wirklichkeit zurückbleibt. Die für ihn als reisenden Vertreter typische Kunst der Selbstbeherrschung und unmenschlichen Gewöhnung läßt es zu keiner spontanen Reaktion des Entsetzens kommen. Statt dessen tastet er sich mit den Augen in dem ihm bekannten Zimmer zurecht und stellt fest, daß er nicht träumt. Die Bemerkung „*ein richtiges, nur etwas zu kleines Menschenzimmer*" ist jedoch ein Zeichen dafür, daß trotz der ausgebliebenen Schreckensreaktion das Denken sich bereits dem neuen Zustand anzupassen beginnt. Doch dieser scheint gleich darauf seinem Bewußtsein wieder zu entschwinden, als nämlich „*das trübe Wetter*" ihn – Ironie der Situation! – „*ganz melancholisch*" macht. So kann er zwischen dem realen Draußen und dem Anblick seines Körpers eine Verbindung herstellen derart, daß er diesen für eine Ausgeburt seiner schlechten, vom Wetter verursachten Morgenstimmung erklärt. Aber noch im selben Satz wird er dadurch widerlegt, daß es ihm „*in seinem gegenwärtigen Zustand*" nicht gelingt, sich zum Weiterschlafen auf seine rechte Seite zu legen. Sein Verhalten ist paradox: Um im Schlaf alle angeblichen „*Narrheiten*" vergessen zu können, versucht er „*wohl hundertmal*" vergebens, aus der schaukelnden Rückenlage herauszukommen, was ihm doch gerade zeigen müßte, daß es sich nicht um eingebildete „*Narrheiten*" handelt. Dieses Zwangsverhalten ist der Alogik des Traumes nachgebildet, in dem ja auch das logische Axiom von der Widerspruchsfreiheit nicht gilt. Das hat hier die Funktion, die zwangsläufige Diskrepanz zwischen dem ungeheuren Sein Gregors und seiner begrenzten Einsicht zu zeigen. Dennoch wird dieses Sein immer greifbarer. Gregor spürt „*in der Seite einen noch nie gefühlten, leichten, dumpfen Schmerz*" (20). Sogleich aber beginnt sein Verstand zu arbeiten, um ihn vor der drohenden Erkenntnis zu schützen. Er macht seinen „*anstrengenden Beruf*" und „*das unregelmäßige, schlechte Essen*" für seinen „*gegenwärtigen Zustand*" und den neuartigen Schmerz verantwortlich. Wieder meldet sich mit einem körperlichen Vorgang seine Existenz zu Wort. Es ist von unheimlicher Komik, wie Gregor auf den Juckreiz an seinem Bauch reagiert: Er schiebt sich sogleich nach „Käferart" an den Bettpfosten heran, und erst die Berührung der „*mit lauter kleinen weißen Pünktchen*" besetzten Stelle läßt ihn zurückzucken, weil ihn „*Kälteschauer*" umwehen. In einer ihm noch unbegreiflichen Weise verhält er sich so, wie es seiner neuen Existenzform entspricht. Dagegen gerät sein Bewußtsein immer mehr in Bedrängnis. Er meint, das frühe Aufstehen mache einen „*ganz blödsinnig*" (20), so daß man sich – das ist zu ergänzen – schon als Ungeziefer zu sehen glaubt. Zum vermutlich erstenmal lehnt er sich in Gedanken gegen Beruf und Chef auf, um dadurch gleichsam die von ihm nicht anerkannte Verwandlung ungeschehen zu machen. Doch bleibt es bei Zukunftsplänen: „*Vorläufig allerdings muß ich aufstehen, denn mein Zug fährt um fünf.*" Dieser bei Gregor schon zu einem Automatismus fixierte Gedanke: aufstehen, die Musterkollektion packen und Kunden besuchen zu müssen, ist so mächtig in ihm, daß er bis zum Augenblick der Flucht des Prokuristen (32 f.) ständig die Erkenntnis seiner Ungezieferhaftigkeit verdrängt. Dabei hat diese, wie wir jetzt erfahren, schon vor Gregors Erwachen zu einem schwerwiegenden Versäumnis geführt: Statt um vier Uhr vom Wecker geweckt zu werden, hat er bis halb sieben Uhr durchgeschlafen. Gregors Versuche, doch noch seiner Berufspflicht nachzukommen, sind von nun an ein Wettlauf mit der Zeit. Bis zum Ende des ersten der drei Abschnitte (36), in dem die Erzählzeit mit der erzählten Zeit ungefähr zusammenfällt – es ist keine ganze Stunde –, hört man förmlich im Hintergrund die Uhr ticken, man sieht die Zeit ablaufen, sinnfällig gemacht in dem Satz: *„Es war halb sieben Uhr, und die Zeiger gingen ruhig vorwärts, es war sogar halb vorüber, es näherte sich schon drei Viertel."* (20f.)

Nun mischt sich auch die Familie ein. Zum erstenmal erschrickt Gregor wirklich, nämlich über die Veränderung in seiner Stimme; doch erschrickt er nicht so sehr über die Tatsache der Veränderung, als vielmehr über die vermutliche Wirkung auf seine Familie. Um keinen Verdacht zu erregen, daß mit ihm etwas nicht stimmen könnte, beschränkt er sich *„bei diesen Umständen"* (22) auf wenige Worte. Wieder gelingt es ihm, sich über die mangelhafte Erkenntnis seines Zustandes hinwegzuretten. Er hofft nicht nur, daß sich seine Käfergestalt und sein Schmerz als die üblichen Einbildungen infolge zu langen und ungeschickten Liegens im Bett herausstellen werden, sondern er ist sogar überzeugt davon, daß es sich so verhält; entsprechend ist er *„gespannt"* darauf, *„wie sich seine heutigen Vorstellungen allmählich auflösen würden"* (22). Selbst an einer natürlichen Ursache der Veränderung seiner Stimme zweifelt er *„nicht im geringsten"*. Zu diesen optimistischen Vernunftschlüssen stehen abermals die von ihm als wirklich empfundenen Schwierigkeiten mit seinem breiten Körper und den *„vielen Beinchen"* (23) in paradoxem Gegensatz. Während er laufend neue Erfahrungen mit sich macht – so belehrt ihn zum Beispiel ein schmerzhafter Stoß an den unteren Bettpfosten, *„daß gerade der untere Teil seines Körpers augenblicklich vielleicht der empfindlichste war"* (23) –, erwartet er doch immer noch *„die Wiederkehr der wirklichen und selbstverständlichen Verhältnisse"* (24). Den Höhepunkt auf diesem Weg der Selbsterkenntnis bildet wohl jenes sicherlich seltsamste Lächeln der Weltliteratur: Gregor spielt mit dem Einfall, sich zwei starke Leute, seinen Vater und das Dienstmädchen, zu Hilfe zu rufen, damit sie ihn aus dem Bett heben. *„Trotz aller Not konnte er bei diesem Gedanken ein Lächeln nicht unterdrücken."* (24) Das Lächeln dieses in ein *„ungeheueres Ungeziefer"* Verwandelten entzieht sich jeder

Beschreibung. Hier leistet die Sprache das Erstaunlichste, indem sie zum unvergeßlichen „Bild" erhebt, was keiner Abbildung mehr zugänglich ist. Schon ein gewöhnliches Lächeln ist mit Begriffen schwer zu fassen; dieses hier bleibt sich selbst ein Rätsel.

Das Auftreten des Prokuristen treibt den Widerspruch zwischen Gregors Sein und seinem Bewußtsein bis zum Äußersten. Kennzeichnend dafür ist gleich am Anfang der motorische Gegensatz, als es heißt, er *„erstarrte fast, während seine Beinchen nur desto eiliger tanzten"* (25). Sofort aber findet er eine Erklärung für seine Erregung und seinen ungewöhnlichen Zustand, indem er sie als Folgen seiner übergroßen Pflichttreue interpretiert. Spricht es nicht für ihn, daß er nur wegen ein paar versäumter Morgenstunden *„vor Gewissensbissen närrisch wurde und geradezu nicht imstande war, das Bett zu verlassen?"* (25) Als er kurz darauf aus dem Bett stürzt, ist seine Verhaltensweise aber ganz instinktiv die eines Ungeziefers, denn er reibt seinen angeschlagenen Kopf *„an dem Teppich vor Ärger und Schmerz"* (25). Endlich verfällt er in seinem Bemühen um Selbstrechtfertigung sogar auf den Gedanken, *„ob nicht auch einmal dem Prokuristen etwas Ähnliches passieren könnte, wie heute ihm; die Möglichkeit dessen mußte man doch eigentlich zugeben."* (25) Es wäre falsch, Gregors widersprüchliches Verhalten nur psychologisch als den Versuch zu deuten, der Wahrheit auszuweichen und sein wirkliches Ich nicht anzunehmen, sich also in den Selbstbetrug zu retten. Vielmehr ist es für ihn kaum möglich, anders zu reagieren, als er es tut. Gregor befindet sich wie nach einer zweiten Geburt in einem ihm noch unbekannten Status, und er muß – wie ein kleines Kind – nacheinander alles an sich neu kennenlernen: seine körperlichen Fähigkeiten, die Funktionen seiner Organe und seine inneren und äußeren Bedürfnisse. Wenn er dennoch fortwährend über seinen Zustand spekuliert, so liegt das daran, daß er ja nicht als tabula rasa aufgewacht ist, sondern aus seinem früheren Leben vor der Verwandlung ein ausgebildetes Denkvermögen, Erinnerung, Gewohnheiten und soziale Beziehungen mitgebracht hat. Dies alles setzt er ein, so gut er es versteht, um sich wenigstens eine gewisse Orientierung zu ermöglichen und danach zu handeln.

Seine ständig falsche Beurteilung der wahren Verhältnisse verhindert nicht, daß er sich allmählich doch in sie hineinfindet. Durch „trial and error"[17] kommt er zu seinem wenn auch trostlosen Ziel.

Es wäre nicht richtig, wollte man in Gregor einen Menschen von nur geringer Intelligenz, von recht eigenartigem Charakter und in ungewöhnlichen Verhältnissen sehen, dessen Verwandlung ein nur ihn treffendes Sonderschicksal darstellte. Seine Frage, *„ob nicht auch einmal dem Prokuristen etwas Ähnliches passieren könnte"*, dürfte auch den Leser nicht ungetroffen lassen. Ebensowenig ist diese Verwandlung das Schicksal eines besonderen Berufsstandes. Die Tätigkeit eines reisenden Vertreters in Tuchwaren vereinigt nur beispielhaft eben die Eigenschaften in sich, die in der heutigen Gesellschaft mehr oder weniger für alle Berufe gelten: Abhängigkeit, Unsicherheit, Überbeanspruchung, Selbstpreisgabe. Schließlich wäre noch zu fragen, ob nicht besondere Familienverhältnisse Gregor zu einer Ausnahmeerscheinung stempeln. Auch das dürfte kaum der Fall sein. Es ist nicht einzusehen, daß sich eine andere Familie unter denselben Umständen vernünftiger oder – sieht man von dem unbefriedigenden Schluß ab – menschlicher gegenüber dem Verwandelten verhalten hätte. Selbst der Vater zeigt, im Gegensatz zu dem im „Urteil", keine übertriebenen Vatereigenschaften. Denn wir müssen auch bei seiner Bombardierung Gregors mit Äpfeln (54) uns eindringlich vergegenwärtigen, daß wir als Leser den Verwandelten ja gleichsam von innen erleben, während die Familie ihn nur in seiner *„traurigen und ekelhaften Gestalt"* (55) als Ungeziefer vor Augen hat. Gerade diese bewußt vom Autor so gewählte Konstellation, in der ein Mensch seiner Umwelt als ein widerwärtig deformiertes Wesen erscheint, verbietet eine Beurteilung der unglückseligen Entwicklung nach moralischen Maßstäben.

Die letzte große Selbsttäuschung, der Gregor unterliegt, steht noch einmal im Zusammenhang mit seinen Versuchen, der Berufspflicht nachzukommen. Unbedingt will er den Pro-

---

[17] Nach einem Ausdruck der amerikanischen Lernpsychologie. Das Probieren („Versuch und Irrtum") spielt besonders in den ersten Phasen des Lernprozesses eine wichtige Rolle.

kuristen erreichen und von seinem guten Willen überzeugen. Dabei fällt er aber *„mit einem kleinen Schrei auf seine vielen Beinchen nieder. Kaum war das geschehen, fühlte er zum erstenmal an diesem Morgen ein körperliches Wohlbehagen; die Beinchen hatten festen Boden unter sich; sie gehorchten vollkommen, wie er zu seiner Freude merkte; strebten sogar danach, ihn fortzutragen, wohin er wollte; und schon glaubte er, die endgültige Besserung alles Leidens stehe unmittelbar bevor."* (33 f.) Indem er sich also zum erstenmal so bewegt, wie es seiner Käfergestalt gemäß ist, empfindet er *„körperliches Wohlbehagen"*, woraus er auf eine bevorstehende *„endgültige Besserung alles Leidens"* schließt. Diese Besserung kann auf den ersten Blick nur meinen: Rückverwandlung; daran scheint ja Gregor zu glauben. Hält man sich jedoch die Situation genau vor Augen, so wird deutlich, daß Gregors Glaube hier schon unter dem Einfluß seines Ungezieferdaseins steht, welches, richtig geführt, offenbar Wohlbehagen bereitet, während umgekehrt die Rückkehr zu den alten Verhältnissen vor der Verwandlung kaum die Bezeichnung *„endgültige Besserung alles Leidens"* verdient. Dieser sich eindeutiger Beurteilung entziehende Ausdruck zeigt, wie sehr bereits die gewohnten menschlichen Maßstäbe in Gregor ins Wanken geraten sind. Wenn er sich schon den tierischen Reflex nicht versagen kann, *„im Anblick des fließenden Kaffees mehrmals mit den Kiefern ins Leere zu schnappen"* (34), dann liegt es umgekehrt nur in der Logik der Erzählung, daß der Vater ihm zischend *„wie ein Wilder"* (35) entgegentritt, so wie man eben ein Tier vor sich hertreibt.

Im Mittelpunkt des ersten Teils der „Verwandlung" steht Gregors Verhältnis zu seinem Beruf, und es ist wiederum nur von der Verwendung alogischer traumartiger Mittel her zu verstehen, wenn in den zwei anderen Teilen davon fast nicht mehr die Rede ist; ja, wenn sogar seine Firma, der Prokurist und die Geldschuld des Vaters gegenüber dem Chef nur noch in der Erinnerung, realiter aber nicht mehr zu existieren scheinen. All dies war nur bedeutungsvoll in bezug auf Gregor und kann nun verschwinden. Dafür erfährt er aber durch Gespräche im Nebenzimmer etwas über die wahren Vermögensverhältnisse der Familie, die zu seiner Freude gar nicht so katastrophal sind, wie er in seiner Unwissenheit bisher immer angenommen hat. Der Vater hat aus seinem Geschäftszusammenbruch einen Vermögensrest gerettet, und der Überschuß des von Gregor abgelieferten Verdienstes hat *„sich zu einem kleinen Kapital angesammelt"* (43). Mit einem Wort: Gregor hat sich von Anfang an übertriebene Sorgen gemacht, hat durch fleißiges Geldverdienen der Familie zwar *„schöne Zeiten"* (42) bereitet, sie mit der Zeit aber durch diese Opferhaltung so sehr zu gewohnheitsmäßigem Dank verpflichtet, daß *„eine besondere Wärme ... sich nicht mehr ergeben"* (42) wollte. Offensichtlich ist der Vater über diesem bequemen, aber ungesunden Zustand senil geworden. *„Der Junge hat ja nichts im Kopf als das Geschäft"* (26), kann die Mutter ohne Übertreibung dem Prokuristen versichern. Dennoch ist man in der Firma, trotz des ihm vor kurzem anvertrauten Inkassos (27), mit seiner Leistung im Augenblick nicht sehr zufrieden, was auf fatale Weise mit dem einmaligen Versäumnis zusammenhängt, um dessentwillen ihn der Prokurist zu Hause aufsucht. Vor allem die beiden mit der Geschwätzigkeit eines Vertreters an den Prokuristen gerichteten Ansprachen Gregors (28, 32) offenbaren das hohle, hektische, mit Verdrängungen erkaufte Verhältnis zu seinem Beruf. Kein Zweifel, daß Gregor lieber heute als morgen vor seinen Chef hintreten, ihm seine *„Meinung von Grund des Herzens aus"* (20) sagen und seine Stelle kündigen würde. Nur die Rücksicht auf seine Eltern hielt ihn bisher davon zurück; doch diese Rücksicht ist zugleich eine Lösung für ihn selbst, da er seinem Leben keinen eigenen Inhalt zu geben vermag. Sein entsagungsvolles Aufgehen in einem unwürdigen Beruf ist gleichzeitig Schutz vor den Anfechtungen des Daseins. Zwar erkennt er, daß *„ein immer wechselnder, nie andauernder, nie herzlich werdender menschlicher Verkehr"* (20) eine der Schattenseiten dieses Geschäftslebens ist; anderseits zeigt aber sein Verhältnis zu Frauen, daß er schon von sich aus festen Bindungen aus dem Wege geht. So ist seine Erinnerung an ein Stubenmädchen irgendwo in der Provinz offenbar nur darum eine *„liebe"* Erinnerung, weil sie zugleich auch eine *„flüchtige"* ist (58). Und seine Bewerbung um eine Kassiererin war wohl *„ernsthaft"* gemeint, geschah aber so *„langsam"*, daß sie notwendig mißlingen mußte (58). In dem Bild, das Gregor sich zum Zimmerschmuck erwählt hat, ist dies zweideutige Verhältnis delikat ausgedrückt. Es handelt sich um ein kitschiges Illustriertenbild in einem Rahmen, der eigentlich einen wertvolleren Inhalt verdient hätte. Der Körper der abgebildeten Dame wird von Kleidungsstücken förmlich erstickt, wobei jedoch der viele Pelz wiederum etwas tierisch Aufreizendes hat. Der dem Beschauer entgegengehobene Pelzmuff lockt und wehrt zugleich ab. Als der Verwandelte später in seinem Zimmer hin- und herläuft, unschlüssig, was er vor dem Ausgeräumtwerden retten soll, zieht ihn die in *„lauter Pelzwerk"* (51) Gekleidete am meisten an. Seine Vereinigung mit ihr besteht darin, daß er sich wohlig den Bauch an dem Glas kühlt, welches ihn von ihrem Abbild trennt.

Selbst in sein Verhältnis zu der Schwester mischt sich etwas von der Zweideutigkeit seiner Beziehung zu Frauen. Er will sie mit ihrer Violine zu sich kommen und *„nicht mehr aus seinem Zimmer lassen"*; aber sie soll *„nicht gezwungen, sondern freiwillig bei ihm bleiben"*. (64) Er will sie durch das Geständnis seiner selbstlosen brüderlichen Liebe zu Tränen rühren und sich dann *„bis zu ihrer Achsel erheben und ihren Hals küssen, den sie, seitdem sie ins Geschäft ging, frei ohne Band oder Kragen trug"*. Hier erträumt sich Gregor ein Idyll, das ihm gestattet, als Ungeziefer ein Schmarotzerdasein zu führen; so könnte er die Hingabe an eine fremde Frau vermeiden, ohne auf seine Besitzwünsche verzichten zu müssen. Auch die Eifersucht auf die selbständig werdende Schwester spielt hier herein, wie umgekehrt diese ja ebenfalls eifersüchtig darüber wacht, daß sich niemand außer ihr um Gregor kümmert. Schon die Namen Gregor und Grete deuten auf eine ursprüngliche geschwisterliche Zusammengehörigkeit. Als Antwort auf den heimlichen Inzestwunsch des Bruders erfolgt nun bei Grete jedoch ein entschiedener Umschlag: *„... so geht es nicht weiter ... Ich will vor diesem Untier nicht den Namen meines Bruders aussprechen, und sage daher bloß: wir müssen versuchen, es loszuwerden. Wir haben das Menschenmögliche versucht, es zu pflegen und zu dulden, ich glaube, es kann uns niemand den geringsten Vorwurf machen."* (66) Wiederum müssen wir daran denken, daß es sich bei dem Verwandelten nicht um eine Art Aussätzigen oder unheilbar Kranken handelt, der auf Barmherzigkeit angewiesen ist, sondern um ein von außen nicht mehr als Mensch zu identifizierendes Geschöpf. Grete ist die erste, die die Frage nach der Identität zu stellen wagt: *„Du mußt bloß den Gedanken loszuwerden suchen, daß es Gregor ist. Daß wir es so lange geglaubt haben, das ist ja unser eigentliches Unglück. Aber wie kann es denn Gregor sein? Wenn es Gregor wäre, er hätte längst eingesehen, daß ein Zusammenleben von Menschen mit einem solchen Tier nicht möglich ist, und wäre freiwillig fortgegangen."* (67) In dieser Argumentation steckt natürlich ein Widerspruch: Freiwillig fortgehen konnte Gregor ja nur, wenn er zugleich ein Tier war und doch kein Tier war; wenn er die Einsicht Gregors besaß und doch nicht Gregor war, sondern ein bloßes *„Untier"*. Daß die Schwester ihn nun auf jeden Fall loswerden will, obwohl die Identität Gregors mit dem Ungeziefer weder bewiesen noch geleugnet werden kann, ist jedoch wiederum nicht als moralisches Versagen zu werten. Es zeigt vielmehr nur, daß sich für sie Gregor in zwei miteinander unvereinbare Wesenheiten gespalten hat: in einen „er", der nur noch in ihrer Erinnerung als der rücksichtsvolle und fleißige Bruder weiterlebt, und in ein „es", dessen ungezieferhafte Gegenwart in ihrer Familie kein Daseinsrecht mehr hat. Gregor, der in Wirklichkeit – in der Wirklichkeit dieser Erzählung! – kein Gespaltener mehr ist wie vor der Verwandlung, sondern er selbst als eben dieses *„ungeheure Ungeziefer"*, muß Grete schließlich recht geben: *„Seine Meinung darüber, daß er verschwinden müsse, war womöglich noch entschiedener als die seiner Schwester."* (68) Gewiß schwingt in diesem Satz ein ironischer Unterton mit. Doch ist es nicht eigentlich die Ironie des sterbenden Gregor, sondern die der Erzählung selbst, die hier indirekt gegen die Schwester, gegen die Umwelt, gegen das Dasein und für das Verschwinden Partei ergreift. Hier wäre nicht mehr von tragischer, sondern schon von kosmischer Ironie der Dichtung zu sprechen.

Den drei Teilen der Erzählung entsprechen die drei Versuche Gregors, wieder Anschluß an seine Umwelt zu finden. Jeder der Versuche endet in einer turbulenten Szene mit seiner Niederlage; zwei haben Verwundungen und Bewußtlosigkeit zur Folge, der letzte den Tod. Als er aus der ersten Ohnmacht erwacht, weiß er, daß sein *„gegenwärtiger Zustand“* nicht auf einer Einbildung beruht, und er beginnt zu überlegen, *„wie er sein Leben jetzt neu ordnen sollte“* (38). Er macht laufend an sich selbst Entdeckungen, und seine überkommenen Menschengewohnheiten werden allmählich von Ungezieferbedürfnissen abgelöst. Doch während er immer noch am Leben der Familie Anteil zu nehmen vermag – er versteht ja jedes Wort –, steht sie ihm als einem radikal Entfremdeten gegenüber. Man hält es nicht für möglich, daß er ihre Sprache versteht, und sein Anblick bleibt sogar der Schwester *„unerträglich“* (46). Die neuen Gewohnheiten Gregors, zum Beispiel das Kriechen und Hängen an Wänden und Decke, bewirken jedoch mit der Zeit auch in seinem Geist eine Veränderung, nämlich ein *„Vergessen seiner menschlichen Vergangenheit“* (49). Erst die wohlmeinenden Worte der Mutter machen ihn darauf aufmerksam, daß die Familie in Gefahr ist, *„jede Hoffnung auf Besserung“* aufzugeben: *„Ich glaube, es wäre das beste, wir suchen das Zimmer genau in dem Zustand zu erhalten, in dem es früher war, damit Gregor, wenn er wieder zu uns zurückkommt, alles unverändert findet und um so leichter die Zwischenzeit vergessen kann.“* (48) Diese lockenden, falschen Töne – wie sollte er denn „zurückkommen“ können, da er doch da war? – lassen ihn gewissermaßen rückfällig werden; er will an seinem früheren Lebensstil festhalten und beschließt daher bei sich: *„Nichts sollte entfernt werden; alles mußte bleiben; die guten Einwirkungen der Möbel auf seinen Zustand konnte er nicht entbehren; und wenn die Möbel ihn hinderten, das sinnlose Herumkriechen zu betreiben, so war es kein Schaden, sondern ein großer Vorteil.“* (49) Sinnlos ist das Herumkriechen nur vom Standpunkt des gewöhnlichen menschlichen Verhaltens aus; ihm als Ungeziefer bietet es dagegen eine *„neue Unterhaltung“* (47), es macht ihn frei, leicht und fast glücklich. Sein Versuch, die endgültige Verwandlung seines Lebens zu verhindern und sein Zimmer zu verteidigen, endet mit dem Apfelwurf des Vaters in seinen Rücken. Dabei war, was den andern als ein fast gewaltsamer Ausbruch erscheinen mußte, von ihm doch nur als Hilfe für die Mutter gemeint. Diese beiderseitige Fehleinschätzung kennzeichnet das Verhältnis zwischen dem Verwandelten und seiner Umwelt. Die Apfelszene erscheint wie eine Umkehrung des Sündenfalls: Gregor greift nicht selbst nach der Frucht; vielmehr wird sie ihm nachgeworfen als Strafe für seinen Rückfall auf eine vormenschliche Stufe.

Den letzten Versuch, wieder in den Kreis der Familie zurückzukehren, macht Gregor ohne Gedanken an irgendwelche Folgen. So sehr hat er sich in letzter Zeit verändert, daß er sich nicht einmal über seinen Mangel an Rücksicht wundert: *„früher war diese Rücksichtnahme sein Stolz gewesen"* (63). Bemerkenswert ist auch, daß ihn, der früher keinen Sinn für Musik hatte, das Spiel der Schwester jetzt anzieht. *„War er ein Tier, da ihn Musik so ergriff? Ihm war, als zeige sich ihm der Weg zu der ersehnten unbekannten Nahrung."* (63) Diese Frage, die er an sich selbst stellt, ist mehrdeutig. Als der Mensch, der er früher war, pflegte ihn Musik nicht zu ergreifen; aber kann er denn ein Tier sein, wenn sie ihn nun ergreift? Oder ist es gerade seine neue Daseinsweise, die ihn der Musik näherbringt? Ihre Wirkung auf ihn ist jedenfalls so, daß sie ihm den Weg zu weisen scheint, auf dem er *„zu der ersehnten unbekannten Nahrung"* (63) kommen könnte. Ihm schmeckt weder Menschen- noch Tiernahrung, und sein Ende kommt einem Hungertod gleich. Er sehnt sich nach einer Nahrung, die er nicht kennt, so wenig wie er sich selbst kennt. Mit der Sprache seiner Umwelt, die ja auch die seine ist, läßt er sich nur negativ als *„ungeheueres Ungeziefer"* fassen. Ist er vielleicht auf dem Wege zu einem noch unbenennbaren, aber erfüllten Sein? Gregors letzte Augenblicke werden als ein *„Zustand leeren und friedlichen Nachdenkens"* gekennzeichnet, und an seine Familie denkt er sogar *„mit Rührung und Liebe zurück"* (68). Es ist also kein verzweifelter, sondern ein sanfter Tod. Doch dieser ist nicht als eine Erlösung zu irgendeinem anderen Sein zu deuten, sondern als ein Verlöschen, das kontrapunktisch dem *„Anfang des allgemeinen Hellerwerdens draußen"* (69) parallel geht. Der Frieden, in den Gregor eingeht, ist leer[18].

[18] Ähnlich sieht es auch H. Politzer („Franz Kafka, der Künstler, S. 124). Die wichtigsten davon abweichenden Deutungen sind in dem Exkurs S. 104 zusammengefaßt.

In den Märchen und mythologischen Erzählungen waren es Zauberer oder wunderkräftige Mittel, welche die Verwandlungen bewirkten, während bei den Naturvölkern ganz einfach den Menschen, Tieren und Dingen die ursprüngliche Fähigkeit zugeschrieben wurde, sich ineinander verwandeln zu können. Hat es aber noch Sinn, bei Kafkas Erzählung nach der Macht zu fragen, die Gregor Samsas Verwandlung zu einem *„ungeheueren Ungeziefer“* verursachen konnte? Mit dem Begriff Schicksal würden wir nur eine Unbekannte durch eine andere ersetzen. Und von einem göttlichen Wesen, das wegen einer Schuld des Helden strafend oder rächend in sein Leben eingegriffen hat, läßt sich im Text keine Spur entdecken. Einen Hinweis könnte die Überlegung geben, wann genau die Verwandlung stattfindet. Ist die Zeitangabe *„eines Morgens“* (19) nur eine zufällige Angabe? Zwei Momente sprechen dagegen: Gregor war *„acht Tage in der Stadt“* und *„jeden Abend war er zu Hause“* (26); an dem bewußten Morgen aber sollte er um vier Uhr aufstehen und mit dem Zug auf Kundenbesuch fahren. Das zweite ist, daß er – anscheinend zum erstenmal – die Zeit um mehrere Stunden verschläft. Damit läßt sich die Verwandlung nicht mehr einfach als ein von außen willkürlich über ihn hereinbrechendes Ereignis begreifen. Das Versäumnis ist nicht nur die erste peinliche Folge seiner Verwandlung, sondern zugleich auf eine geheimnisvolle Weise auch eine ihrer Ursachen. Durch diesen einen Verstoß gegen seine Pflicht dem Beruf und der Familie gegenüber wird aus ihm, dem ausschließlich „nützlichen Mitglied der menschlichen Gesellschaft", das Nutzloseste, was es in unseren Augen gibt: ein Ungeziefer. Gregor, der allein die Last des Geldverdienens für die Familie getragen hat, fällt ihr nun seinerseits zur Last. Seine mißhandelte Natur hat in geheimem Einverständnis mit seinem Verlangen nach einer Lebensweise, die seiner jetzigen entgegengesetzt ist, durch eine gewaltsame Verwandlung das Gleichgewicht der Kräfte wiederhergestellt. In dem Ungeziefer ist sein wahres Sein Gestalt geworden, das heißt: die von seinen beruflichen Erfolgen bisher notdürftig überdeckten Entstellungen seiner Natur sind nun selbst Natur geworden. Seine innere Nichtigkeit ist umgeschlagen in äußere Nichtsnutzigkeit. Doch bis zuletzt kann er die Folgerichtigkeit dieser Entwicklung nicht ganz durchschauen, wenn er sich auch mit seiner neuen Lage abfindet und sein völliges Verschwinden schließlich als einzige Lösung anerkennt. So wie er sich früher selbst verkannt und mißachtet hat, so verkennt und mißachtet ihn nun seine Umwelt. In seinem ungezieferhaften Wesen ist aufgegangen, was er und die Zeitumstände in ihn hineingesät haben. Doch so wie die Gestalt Gregor Samsas sind letzten Endes auch Eltern, Schwester, Prokurist, Zimmerherren und Bedienerin Projektion innerer Vorgänge einer „dichterischen Persönlichkeit"![19] Das ergibt sich aus dem parabolischen Wesen dieser Erzählung, die nicht die Illusion realer Ereignisse vermitteln will, sondern „traumhaftes inneres Leben"[20] in Sprachbildern einfängt. Kafkas „Verwandlung" ist eine grauenhafte Vision, die aber künstlerisch von einer universalen Komik im Gleichgewicht gehalten wird. Grauenhaft ist die Vorstellung, daß ein Mensch eines Morgens als *„ungeheueres Ungeziefer"* erwacht. Doch das Entsetzen darüber wird sogleich aufgefangen durch die spielerische Schilderung von Details, die in dem komischen Gegensatz zwischen *„seinem sonstigen Umfang"* und den ihm hilflos vor den Augen flimmernden *„kläglich dünnen Beinen"* (19) gipfelt. Komisch – natürlich nicht im landläufigen Sinne lustig! – ist auch Gregors Versuch, sich zum Weiterschlafen auf die rechte Seite zu legen, doch *„immer wieder schaukelte er in die Rückenlage zurück"* (19). Ebenso komisch ist, wie sich in seine Stimme *„ein nicht zu unterdrückendes, schmerzliches Piepsen mischte"* (21), oder die folgende Passage: *„Die Decke abzuwerfen war ganz einfach; er brauchte sich nur ein wenig aufzublasen und sie fiel von selbst. Aber weiterhin wurde es schwierig, besonders weil er so ungemein breit war. Er hätte Arme und Hände gebraucht, um sich aufzurichten; statt dessen aber hatte er nur die vielen Beinchen, die ununterbrochen in der verschiedensten Bewegung waren und die er überdies nicht beherrschen konnte."* (22 f.) Die Beispiele ließen sich beliebig vermehren. Das

[19] Vgl. Anm. 14; ähnlich wie M. Walser spricht auch F. Lockemann („Literaturwissenschaft und literarische Wertung", München 1965, S. 87 ff.) von der Dichterpersönlichkeit, die „eine fiktive, d. h. der Kunstsphäre angehörende Individualität" (S. 88) ist und nicht mit „seiner Persönlichkeit als der eines realen Menschen" (S. 87) gleichgesetzt werden darf.
[20] Vgl. Anm. 16; „Tagebücher", S. 420

Grauen, das von dieser Verwandlung ausgeht, wäre für den Leser unerträglich und damit unannehmbar, hätte Kafka nicht das Ungereimte dieser Mensch-Tier-Existenz mit immer neuen Einfällen als komisches Äquivalent dagegengesetzt. In der Tatsache, daß hier jede Wirklichkeit von der genialen dichterischen Erfindungsgabe in den Schatten gestellt wird, liegt etwas von der Überlegenheit des Geistes, die doch noch „Besserung" erhoffen läßt.

EXKURS:

Wichtige Deutungen der Erzählung „Die Verwandlung".

Benno von Wiese („Die deutsche Novelle von Goethe bis Kafka", Bd. 2, S. 319–345), der die Erzählung unter dem Gesichtspunkt einer bestimmten Gattung betrachtet, spricht von einer „Existenzkatastrophe des Ich" und zugleich vom „Versagen der Familie" (S. 343); für ihn sind am Ende beide Seiten gescheitert: Gregor nicht weniger als seine Familie. – *Johannes Pfeiffer* („Über Franz Kafkas Novelle ‚Die Verwandlung'", in: Die Sammlung 14,6 [Juni 1959] S. 297–302) faßt seine Interpretation folgendermaßen zusammen (S. 301): „Kafkas Novelle ‚Die Verwandlung' beschwört die Vision einer den Betroffenen radikal entfremdenden Aussonderung in der Weise, daß der von fern zu ahnende Ausweg ins Freie zwar verschlossen bleibt, daß aber die auf jeden belehrenden Fingerzeig verzichtende Gestaltung in ihrer herben Konsequenz diesen sinngebenden Hintergrund als einen ausgesparten dennoch indirekt fühlbar macht." Allerdings meldet Pfeiffer um der Ehrlichkeit willen den Vorbehalt an, ob in dieser Erzählung nicht „eine von jedem heilsbekümmerten Wahrheitsbedürfnis losgelöste, nur noch am Gelingen eines Darstellungsexperiments interessierte Artistik zugleich immer wieder in den Dienst einer heimlichen Quälsucht tritt" (S. 302). – *W. Emrich* („Franz Kafka", S. 124 f.) dagegen hält Gregors Ende für positiv: „Die letzte Intention von Gregors Käferverwandlung ist der Ausbruch in die Freiheit, die Sehnsucht nach der ‚unbekannten Nahrung' des Menschen. [...] Sein Tod ist nicht nur sinnlose Vernichtung, sondern ein befreiendes Erkennen. Gregor sagt ja zu seinem eigenen Tod. Er stirbt versöhnt mit sich und der Welt." Nach Emrich ist das Ungeziefer nur das Bild für das schlechthin Andere und Unverstehbare, für das verborgene „Selbst" Gregors. – *W. H. Sokel* („Franz Kafka – Tragik und Ironie") kommt zu einer geradezu klassischen Sinngebung (S. 98): „Über Gregors Leichnam hinaus, durch seinen Tod, sein Verschwinden, erblüht neu das Leben –

erlöst, bereit, neues Leben zu zeugen an Stelle des alten, fehlgegangenen, schuldverstrickten. Hier ist die Struktur echter Tragödie, wie sie Kafka in anderer Weise nur im ‚Prozeß' gelungen ist." Gregors Lohn aber ist nach Sokel „ein völlig innerlicher" (S. 102). – *Edmund Edel* („Franz Kafka: Die Verwandlung – Eine Auslegung", in: Wirk. Wort 8,4 [1957/58] S. 217–226) meint sogar, für Gregor bedeute die Verwandlung „nichts anderes als: zum Bewußtsein der Sonderform seiner Existenz erwacht zu sein" (S. 218); er wahrt sie „bis in den Tod, ja, rettet sie durch den Tod" (S. 225); sein „Schwinden ist also sein Bekenntnis zum Reich des Geistes", und der Tod hebt das Opfer „auf in die Ordnung des Seins, in die Ordnung Gottes" (S. 226). – Die extreme Verschiedenheit dieser Meinungen ist erklärlich: Die Interpreten gingen „offenbar von einem Vorbegriff dessen aus, was Wirklichkeit heißt", und jeder von ihnen (besonders die drei zuletzt zitierten) „unterstellt, die Wirklichkeit, wie er sie begreift, sei das Thema Kafkas gewesen" (*Jost Schillemeit* „Zum Wirklichkeitsproblem der Kafka-Interpretation", in: DVjs. 40,4 [Dez. 1966] S. 578). So wird dann die Erzählung auf ein existentielles, tragisches oder christliches Weltverständnis bezogen, wobei um der Schlüssigkeit der Deutung willen alles, was sich ihr nicht fügt, aus der Betrachtung ausgeklammert werden muß. – Seit der Fertigstellung des vorliegenden Beitrags 1968 ist weitere, auch „Die Verwandlung" betreffende Literatur zu Kafka erschienen: Der in der Reihe „Dichter über ihre Dichtungen" herausgekommene Band „Franz Kafka" (hrsg. von Erich Heller und Joachim Beug, München 1969) bietet eine reiche Sammlung von Selbstzeugnissen des Autors, die das komplizierte Verhältnis von Biographie und Werk beleuchten; davon entfallen allein zehn Seiten (S. 51–61) auf „Die Verwandlung". – *Karl-Heinz Fingerhut* („Die Funktion der Tierfiguren im Werke Franz Kafkas", Bonn 1969) deutet den Grund für Gregor Samsas Verwandlung so (S. 214): „Ein Zusammentreffen persönlicher Schuld mit dem ‚Negativen der Zeit', dem sich der Schwache nicht zu entziehen vermag, macht aus dem Menschen ‚Ungeziefer'." – *Norbert Kassel* („Das Groteske bei Franz Kafka", München 1969) kommt zu ähnlichen Ergebnissen (S. 153–171) wie der vorliegende Beitrag. – In einer größeren Monographie kritisiert *Jürg Schubiger* („Franz Kafka, Die Verwandlung, Eine Interpretation", Zürich und Freiburg i. Br. 1969) die bisherigen Deutungsversuche als einseitig und betont, daß er selbst auf eine „systematische Interpretation" (S. 19) verzichten will; in Anlehnung an Emil Staigers Methode will er Kafka weniger „erklären", als ihm vielmehr „begegnen" (S. 20); entsprechend behutsam geht er vor, wobei er wohl zahlreiche überzeugende Beobachtungen macht, eigentlich neue Ergebnisse aber nicht vorlegt.

EIN LANDARZT

interpretiert von Gert Kleinschmidt

1

Im November des Jahres 1916 liest Kafka in der Buchhandlung Goltz in München seine Erzählung „In der Strafkolonie" vor. Der Erfolg ermutigt ihn; nach Prag zurückgekehrt, hat er Lust zu arbeiten, er weiß, daß er es jetzt kann. In einem engen, winkligen Häuschen der Alchimistengasse auf dem Hradschin verbringt er die Abende dieses Winters. Es ist still dort, die Abgeschiedenheit tut ihm wohl, der Winter wird ihm fruchtbar werden. Es entsteht das (noch immer zu wenig gewürdigte) dramatische Fragment „Die Gruftwächter", es entstehen Erzählungen, darunter auch jene, die der 1919 im Verlag Kurt Wolff erscheinenden Sammlung von vierzehn „Prosastücken" (so Kafka in einem Brief an Wolff) den Namen leiht: Ein Landarzt.

Damit ist diese Erzählung von vornherein herausgehoben. Sollte sie also nicht auch diejenige sein, von der Kafka glaubte, sie könne das Entscheidende besonders deutlich zeigen? Aber gerade sie macht es uns nicht leicht. Gebunden an Tradition und Konvention „normalen" Lesens erwarten wir, daß eine Erzählung sich von den Ordnungen einer feststehenden Wirklichkeit her verstehen lasse. Und wenn sich das Gemeinte auch zunächst verbirgt – man müßte es doch finden können, das Verschlüsselte sollte sich doch entschlüsseln lassen, die vertrauten Koordinaten sollten doch aufzuspüren sein! Aber eben dies scheint uns hier nicht glücken zu wollen. Bei einem ersten „harmlosen" Lesen[1] spüren wir zwar: das ist nicht Unsinn, nicht überflüssig; es ist anders als sonst, und irgend etwas darin geht uns an. Ein Mensch wird auf seltsame, unbegreifliche Weise überwältigt, er wird aus seinem bisherigen Leben ausgestoßen, er wird heimatlos bleiben für immer. Irgend etwas

[1] Vgl. Tagebücher, 1911, S. 215: „Ich muß warten, bis ich einmal harmlos lesen werde, und dann bei den richtigen Stellen mich anhalten." Name und Begriff des „harmlosen Lesens" als erster Schritt einer Interpretation inzwischen bei Hans Glinz, Grundbegriffe und Methoden inhaltbezogener Text- und Sprachanalyse. Düsseldorf 1965, Schwann, vgl. dort S. 40.

in dieser Erzählung ist von zwingender und bezwingender Kraft, etwas Unheimliches ist darin, ja Gespenstisches, und doch etwas, von dem wir längst wußten, daß es ist. Aber der Verstand findet keine Begründung dafür. Woran mag es liegen, daß er sich nicht zurechtfindet?

Dabei ist sehr viel in dieser Erzählung Welt von unserer Welt. Das Leben dieses Landarztes ist möglich irgendwo und irgendwann: vom Bezirk angestellt und schlecht bezahlt, sich aufopfernd, in einem Dorf wohnend, in einem ländlichen Gebäude mit Stall und Hof, mit Wagen und Pferd. Ein Dienstmädchen besorgt den Haushalt, seit Jahren schon, er bemerkt es kaum. Er wird zu Kranken gerufen, am Tag oder in der Nacht, er tut seine Pflicht – er lebt das Leben eines Landarztes irgendwo in einer Gegend, in der die Leute arm sind, die Entfernungen groß und die Winter kalt. Dies alles „stimmt" zweifellos. Und auch sonst folgt vieles gewohnter Kausalität. Das Pferd ist verendet, die *„Überanstrengung in diesem eisigen Winter"* (74) gibt einen einsehbaren Grund dafür. Es ist kalt, also braucht der Arzt einen Pelz; er ist zu einem Kranken gerufen, also hat er die Instrumententasche in der Hand. Er denkt in den Denkbahnen seines Berufes, er hat das Wissen eines Arztes, als Arzt geht er mit dem Kranken und mit der Familie um: er ist Arzt. Die Pferde dampfen in der Kälte; man muß ihnen das Geschirr anlegen, anders läßt sich der Wagen nicht ziehen; wenn der Knecht sein Gesicht in das des Mädchens „schlägt", bleiben in ihrer Wange zwei Zahnreihen rot eingedrückt – und fort und fort: überall lassen sich vertraute Ablaufsordnungen aufspüren.

Aber wir müssen sie auch wirklich „aufspüren" – sind sie doch auch immer mit dem ganz und gar Unvertrauten vermischt. Auf kaum auflösbare Weise gehen „Irdisches" und „Unirdisches" fortwährend ineinander über. Schon das Warten zu Beginn ist nicht nur gewöhnliches Warten: *„immer mehr vom Schnee überhäuft, immer unbeweglicher werdend"* (74). Im Übermaß des Statuarischen ist das Überschreiten psychologischer und normal-empirischer Grenzen schon spürbar. Und deutlicher dann: aus einem unbenützten Schweinestall kommen Pferdeknecht und Pferde, niemand hat vorher von ihnen gewußt; die große Entfernung schrumpft zu einem

Augenblick; der Junge, eben noch gesund, hat plötzlich eine fürchterliche Wunde, eine Wunde von schrecklicher Schönheit. Wir wissen zwar, daß dies eine Wunde ist so unirdisch wie die Pferde unirdisch sind, aber sie bricht doch groß und blutig am irdischen Körper auf. Und eine solche Wunde verlangt eine andere „Behandlung", bedingt eine andere Art Arzt, bedingt des Arztes und der Familienangehörigen Verwandlung: der Arzt wird entkleidet und zu dem Kranken ins Bett gelegt. Und hier, in der menschlichsten Nähe, wird das Wort möglich, das der Junge nehmen kann und mit dem er still wird. Aber ist es wirklich dies? Ist das Begreifbare nur zu eng mit dem Unbegreiflichen verbunden, erfolgen die Verwandlungen zu rasch, spiegelt also unsere Verwirrung nur die Verwirrung der Geschichte? Oder entsteht sie erst dadurch, daß w i r sie bemerken? Denn die Erzählung selbst weiß nichts von solchen Unvereinbarkeiten. Ihr ist alles selbstverständlich, so wie es ist; sie wundert sich nicht, das Wunderbare ist nicht in ihr, sondern in uns, die wir sie lesen. Im niedrigen Verschlag des Schweinestalls kauert plötzlich ein Mann, auf allen Vieren kriecht er hervor, niemand ist darüber sonderlich erstaunt. *„Das Dienstmädchen stand neben mir. ‚Man weiß nicht, was für Dinge man im eigenen Hause vorrätig hat', sagte es, und wir beide lachten."* (74) Und gleich darauf schieben sich – als wären sie plötzlich erschaffen, verdichtet aus dem *„Geruch wie von Pferden"* – zwei *„mächtige flankenstarke"* Pferde aus dem Türloch. Aber wir hören daraufhin nur die sachliche Anweisung: *„Hilf ihm."* Daß später plötzlich die Wunde da ist, daß der Arzt entkleidet wird, daß er nie wieder nach Hause kommt – es i s t einfach. Es wird in der Erzählung selbst nicht als der Einbruch eines ganz und gar anderen, eines Irrationalen oder gar Magischen erfahren, nicht als etwas, vor dem man bestürzt zurückspränge, sondern als etwas, das zur Struktur dieser Wirklichkeit gehört.

Ein Märchen also? Gewiß nicht! Auch kein Antimärchen. Dazu ist die Erzählung von den Bedingungen der realen Welt nicht unabhängig genug. Eher erinnert ihre Struktur an die von Träumen. So ist es denn auch nicht weiter verwunderlich, daß man die Erzählung „nach den Erkenntnissen der Traumpsychologie"[2] zu deuten suchte, oder daß man sie – wie Kafka überhaupt – dem Surrealismus zurechnet. Von Apollinaire bis hin zu Max Ernst und Chagall ließen sich denn auch vielfältige Korrespondenzen finden. Aber sehen wir hier davon ab. Jede solche Zuordnung birgt die Gefahr des Vorurteils, die Gefahr, mit einer bestimmten Vorstellung zu lesen und entsprechend nur noch das zu sehen, was sie deckt. Gleiches gilt für jede gattungstheoretische Erörterung, wenngleich sie auch die Kafka-Literatur über weite Strecken beherrscht.

Halten wir statt dessen fest: kennzeichnend für unsere Erzählung ist die im einzelnen unauflösbare Verknüpfung von Logischem und Alogischem, von Realem und Irrealem, sind die nicht mehr ableitbaren Verwandlungen, ist vor allem die Selbstverständlichkeit, mit der sich alles zu einer einzigen Wirklichkeit fügt. Und dies ist wohl verantwortlich dafür, daß wir hier kaum einen Zugang finden. Es ist eine Wirklichkeit, die sich von der unseren nicht wie zuerst vermutet nur in einzelnen Teilen, sondern ganz und gar unterscheidet. Es ist eine vom Dichter geschaffene Wirklichkeit, die ihren eigenen Gesetzen folgt, die ihre eigene Seinsweise hat, in sich und für sich selber „wahr"; ihre Ausdrucksformen und Ausdruckselemente gehören nur ihr selber an[3].

Aber wenn wir dies ernst nehmen, dann verbietet sich auch jeder Versuch einer Entschlüsselung im üblichen Sinn. Dann dürfen wir im Fremden nicht die Metapher sehen für ein Vertrautes, im Alogischen nicht das geschickt verborgene Logische[4], dann dürfen wir nicht so lesen, als wären Dinge, Figuren, Handlungen nur poetische Veranschaulichungen eines grundsätzlich auch auf andere Weise Sagbaren. Wir dürfen nicht einiges übersetzen, dechiffrieren wollen, anderes einfach

---

[2] So zuletzt Franz Baumer, Franz Kafka. Sieben Prosastücke. München 1965, Kösel, S. 112.

[3] Ich schließe mich hier im Grundsätzlichen Jost Schillemeit und Martin Walser an, die den Grundzug des Geschaffenseins betonen und entsprechend in einem Großteil der Kafka-Forschung einen Vorbegriff von Wirklichkeit erkennen, der zu Fehldeutungen führen mußte. Vgl. Jost Schillemeit, Zum Wirklichkeitsproblem der Kafka-Interpretation. In: DVjs. 40,4/1966, S. 577 ff. Martin Walser, Beschreibung einer Form. Günter Blöcker, Die neuen Wirklichkeiten. Berlin 1957, Argon.

[4] So will beispielsweise F. Baumer versuchen „die Traumlogik dieser Bildersprache in die rationale Logik einer Interpretation zu übersetzen" A.a.O. S. 114.

übernehmen, weil es so ist, wie wir es kennen. Das hieße die Erzählung neu schaffen, sie zu einer anderen machen, sie auf eine Wirklichkeit hin transponieren, die mit der Kafkas nicht mehr viel gemein hat.

Und doch ist die Erzählung bezogen auf uns, die wir sie lesen. Sie lebt nicht ohne uns. Und so muß sie ihren „Wahrheitsgehalt" nicht nur für sich selber, sondern auch von uns her haben: sie ist auch zeichenhafte Verweisung auf menschliches Leben jetzt und immer. Unsere Betroffenheit beim ersten harmlosen Lesen war schon ein Beweis. Wie aber wäre er bewußtzumachen, wie wäre im Zeitlichen der Erzählung das Überzeitliche aufzuspüren? Zweifellos nicht durch eine Umformung von Einzelheiten ins unmittelbar Verständliche hinein. Er wird überhaupt nicht in erster Linie im Substantiellen, nicht in den Einzelinhalten, sondern sehr viel eher in der Organisationsform bewußt zu machen sein[5]. Stil und Struktur steuern das Verstehen, sie eröffnen Möglichkeiten und schließen andere aus. Und so gilt es denn zunächst, möglichst genaue Beobachtungen an der Fügungsweise des Textes zu machen.

2

Das erste aber, das uns hier begegnet, im Zugleich mit dem harmlosen Lesen, ist der Klang, ist der Rhythmus, ist die Stimmführung im Ganzen, zu der uns dieser Text zwingt[6]. Wir haben ihn gelesen, mehrmals gelesen, leise und laut: es gab keinen Punkt, an dem man innehalten konnte; so wie er außen ohne Abschnittsgliederung ist, ist er innen atemlos. Die Sätze erlauben keine sprecherische Gestaltung nach Höhen und Tiefen, die Melodiekurven sind eher flach, der Ton bleibt in der Schwebe, auch am Ende des Satzes. Nicht also auf das Auf und Ab kommt es an, denn das kostete Zeit, dazu brauchte man Ruhe, dann wäre das Bleiben wichtig, der einzelne Inhaltszug für sich. Nicht um die vertikale Bewegung geht es

---

[5] Vgl. auch Heinz Politzer: „Während also Inhalt und Intention von Kafkas Erzählungen sich eindeutiger Interpretation entziehen, sind immerhin Stil und Struktur bestimmbar." Franz Kafka, der Künstler. S. 37.
[6] Zum Begriff der „Klangprobe" vgl. Hans Glinz a.a.O. S. 40.

bei diesem Sprechen, sondern um die lineare, nicht die Melodieführung ist entscheidend, sondern die Intensität. Sie nimmt jeweils zu, der Sprechdruck wächst, die rhythmische Gliederung wird zwingender.

Es scheint dafür zunächst der kleinschrittige syntaktische Bau verantwortlich zu sein. Kennzeichnend sind die – oft asyndetischen – Reihungen syntaktischer Grundformen, verbunden mit der Neigung, Satzglieder und Gliedteile zu isolieren, Satz und Ausbaustücke deutlich voneinander zu trennen. So werden adnominale Attribute nicht einbezogen, sondern nachgetragen:

„*einen Wagen hatte ich, leicht, großrädrig, ganz wie er für unsere Landstraßen taugt*“; (74)

Artangaben werden in der Form satzwertiger Partizipien vorausgenommen:

„*und immer mehr vom Schnee überhäuft, immer unbeweglicher werdend, stand ich zwecklos da.*“ (74)

Begründungsangaben werden so gefügt, daß sie den glatten Ablauf des Satzes unterbrechen:

„*Mein eigenes Pferd war in der letzten Nacht, infolge der Überanstrengung in diesem eisigen Winter, verendet*“; (74)

Es entsteht eine starke Binnengliederung, die den Aufbau weiträumiger Klangbögen verhindert und beim Sprechen zu rhythmischer Akzentuierung zwingt. Mehr noch: die Grenzen der Untereinheiten wirken, soweit sie als Unterbrechungen empfunden werden, als Staustellen. Die Stimme bleibt hier gewissermaßen in einer Warteposition; nachdem der Einschub vorbei ist, fließt sie mit verstärktem Druck in die Fortführung des tragenden Satzes. So ergibt sich die zu Beginn festgestellte Intensivierung ganz von selbst aus der kleinschrittigen Fügungsweise[7].

Sie ergibt sich zum andern aus der Anordnung der Inhalte. In aller Deutlichkeit läßt sich das am Beispiel des ersten Satzes zeigen. Der äußeren Form nach haben wir eine Satzreihe. Sieben nebengeordnete Hauptsätze folgen aufeinander, wobei eine gedankliche Beziehung nach dem ersten durch einen

[7] Hierzu vor allem Christian Winklers Darstellung in der Duden-Grammatik, 2. Aufl. §§ 1253–1306. Daneben auch: Chr. Winkler, Lesen als Sprachunterricht. Ratingen 1962, Henn.

Doppelpunkt angedeutet ist, der letzte ein Gedankenverhältnis auch sprachlich ausdrückt (*„aber“*); die fünf mittleren Teilsätze stehen asyndetisch nebeneinander. Inhaltlich aber stellt das Ganze mit dem vorangestellten Ergebnis *„Ich war in großer Verlegenheit“* und dem an den Schluß gerückten Grund *„aber das Pferd fehlte, das Pferd“* eine große Spannfigur dar.

Dabei zeigt sich die Weite dieser Klammer erst im Nachherein. Die Eingangssetzung spannt auf das Kommende; man erwartet, nun die Ursache dieser Verlegenheit zu erfahren. Aber die Lösung wird durch eine Fülle weiterer Informationen zunächst verhindert, sie wird inhaltlich geradezu verstellt: mit der Entfernung, wie schon richtig vermutet, scheint es doch nichts zu tun zu haben, den Wagen verstehen wir pars pro toto – erst die Lösung selber zeigt, daß die Verhinderungen Vorbereitungen waren[8]. Jeder Teilsatz gibt die Spannung an den nächsten weiter – unter fortwährender Verstärkung. Der Schluß mit seiner überraschenden Lösung erweist sich dann in kennzeichnender Weise ambivalent. Stimmlich fängt er die Spannung gültig ab, zumal mit der nachfedernden Wiederholung *„das Pferd“*. Inhaltlich aber spannt er schon neu. Denn warum fehlte das Pferd?

Wo also die Tonbewegung den Abschluß einer Einheit anzudeuten scheint, überspringt der Inhalt die atemmäßige Grenze und umgekehrt: wo sich ein Stück Inhalt schließen will (Teilsätze), ist die Spannung des Sprechens noch nicht gelöst. Und ebenso werden auch alle Abschnittsgrenzen überspielt, wie sie sich jeweils von einem isolierenden Gesichtspunkt her zeigen könnten[9]. Beispielsweise gilt das für den Wechsel von Ruhe zur Bewegung nach dem zweiten Satz oder für den Wechsel vom Präteritum zum Präsens etwas später, der mitten im Satz erfolgt und erst zum Schluß vorübergehend wieder aufgehoben wird. Jeweils werden solche Grenzen von Einheiten anderer Art wieder überdeckt. Und so ist denn ins-

---

[8] Zugleich ist dieser Satz ein Beleg mehr für Fritz Martinis Feststellung, daß jeder „einzelne Satz in seiner Gliederung die Grundfigur des Ganzen dieses Erzählens“ enthält. Das Wagnis der Sprache. 4. Aufl. 1961, Stuttgart, Klett, S. 291.

[9] Ebenso F. Martini a.a.O. S. 291: „Vielmehr ist in dieser Prosa alles miteinander verkettet, ineinandergeschoben wie in einem ziehenden Flusse, der nicht in feste Ziele einmündet.“

gesamt die Atemlosigkeit, die Dynamik des Ablaufs, die Intensität, mit der dieser Text gesprochen sein will, sowohl seiner äußeren wie seiner inneren Form eingeprägt. Und diese Feststellung begegnet der Antwort auf die Frage, wo sich denn der Erzähler zum Zeitpunkt seines Erzählens befindet. Die letzten Sätze der Erzählung kennzeichnen auch die Erzählsituation. Schon wenn er zu sprechen beginnt, ist er am Ende des Weges zum endlosen Unterwegs. Schon zu Beginn spricht er vom Ende her.

3

Aber erhebt sich gegen die Feststellung einer mitreißenden Bewegung nicht sofort begründeter Widerspruch? Wir haben die Isolierung der syntaktischen Ausbaustücke bemerkt. Der Satz erscheint hier gleichsam geteilt: auf der einen Seite die Grundform, auf der anderen die freien Satzglieder. Sehen wir zu, was diese beiden syntaktischen Bereiche inhaltlich fassen:

„*Ein Mann, zusammengekauert in dem niedrigen Verschlag, zeigte sein offenes blauäugiges Gesicht.*“ (74)

„*Mager, ohne Fieber, nicht kalt, nicht warm, mit leeren Augen, ohne Hemd hebt sich der Junge unter dem Federbett.*“ (75)

Es zeichnet sich eine Trennung von Vorgängen und Zuständen ab. Die besonderen Züge des Gesehenen werden für sich genommen. Aber damit kommt es zu einer zeitlichen Spannung, insofern nämlich, als das länger so Dauernde dem Flüchtigen entgegengestellt wird. Darin fügen sich auch dauernde Eigenschaften (der Wagen ist immer leicht und großräderig) und vorübergehende Zuständigkeiten („ganz geblendet durch das Leben in seiner Wunde“) zusammen.

Es zeigt sich eine innere Gegenläufigkeit. Das Sein stellt sich dem Werden entgegen, dem Mitreißenden der Wille zu bleiben. Aber dieser Wille wird doch fortwährend überwältigt, denn trotz aller Aufmerksamkeit für das Gegenständliche und Zuständliche kommt es zu keinem Gleichgewicht. Tatsächlich wird die syntaktische Isolierung immer wieder vom inhaltlichen Ineinander überspielt, eben deshalb, weil das Einzelbild, der einzelne Zug nicht für sich wirkt, sondern immer auf das Geschehen bezogen bleibt. Die Einzelangaben sind gleichsam Auszüge aus dem Geschehen selbst, das Statische bleibt in einem funktionalen Zusammenhang mit dem Dynamischen. Die Bilder stemmen sich der Bewegung entgegen, ohne sie doch aufhalten zu können. Im Gegenteil: gerade durch die Gegenläufigkeit wird das Dynamische erst sichtbar. Der Reiter, der vergeblich versucht abzuspringen, zeigt, wie schnell das Pferd wirklich ist.

Auch zum Schluß hin bleibt diese Grundspannung erhalten, nun aber mit umgekehrten Vorzeichen. Die Folge

„ich warf den Ballen in den Wagen; der Pelz flog zu weit, nur mit einem Ärmel hielt er sich an einem Haken fest. Gut genug. Ich schwang mich aufs Pferd. Die Riemen lose schleifend, ein Pferd kaum mit dem andern verbunden, der Wagen irrend hinterher, der Pelz als letzter im Schnee“ (79)

ist nicht nur rhythmisch sehr schnell. Auch die Wortwahl im einzelnen deutet auf schnelle Abläufe hin. Verben, wie „werfen", „fliegen", „schwingen" stellen sprachliche Fassungen schneller Bewegungen dar; Wendungen, wie „festhalten", „lose schleifen", „kaum mit einem andern verbunden sein", „hinterher irren" geben unmittelbare Folgen schneller Bewegungen an; im Abdruck geben sie die Bewegung selbst. Aber das Folgende bestätigt dies alles ja gerade nicht. Vielmehr reißt die tatsächliche Geschwindigkeit (*„langsam wie alte Männer“*) dazu einen sehr harten Gegensatz auf. Die bisherige rasche Ablaufsbewegung ist gleichsam noch ein Stück über ihr Ende hinausgeschossen. Im jähen Abfall wird die nunmehrige Langsamkeit erst vollends deutlich, sie vertieft sich geradezu zur Bewegungslosigkeit. Die beobachtete innere Gegenläufigkeit von Erzählgegebenheiten und sprachlicher Formung entdeckt sich als in bestimmter Weise gesteuert. Sie bedingt in unserer Erzählung eine Gliederung tieferer Art, mit der sich Anfang und Ausgang vom Binnenraum abheben.

4

Wir werden das, was sich bisher vor allem an Hand einer genaueren Beobachtung der sprachlichen Formen ergab, nicht minder deutlich erkennen, wenn wir das Verhältnis des Erzählers, des Arztes also, zum Geschehen bedenken. Die Erzählung führt ihn wartend ein, still stehend, *„immer mehr vom Schnee überhäuft, immer unbeweglicher werdend"*; der Ausgang zeigt ihn mit einem umherirrenden Wagen, nackt, hilflos, auf einem der beiden Pferde sitzend, in einer Unbeweglichkeit höheren Grades, von den „Beweglichen" *(„aus dem beweglichen Gesindel")* hilft keiner, ein für allemal von seinem bisherigen Leben getrennt, *„ausgesetzt"*. So hat sich einerseits ein Zirkel geschlossen, andererseits hat eine „Verwandlung" stattgefunden, in rasender Drehung von Nacht zu Nacht, von Frost zu Frost, aber doch aus der Zeit heraus in eine zeitlose Dauer: d i e s e Nacht und d i e s e r Frost werden kein Ende mehr haben. Und waren vorher Nacht und Frost in der Natur, so sind sie jetzt auch innen.

Zweifellos ist der Arzt die Mitte dieser rasenden Bewegung, zweifellos geht es um ihn, aber was geht von ihm selber aus? Er hat sich zu diesem nächtlichen Krankenbesuch bereitgefunden, aber schon hier handelt es sich nicht um einen Akt der Freiheit, denn war er frei, dem Läuten der Nachtglocke nicht zu folgen? Als *„Fehlläuten"* wird es erst vom Ende her begreifbar. So ist er tatsächlich von Anfang an Objekt des Geschehens, nicht selbst handelndes Subjekt, und er bleibt es bis ins Detail hinein. Selbstverantwortliche Entscheidungen sind ihm verwehrt. Auf die Frage des Pferdeknechtes, ob er anspannen soll, weiß er *„nichts zu sagen"*; der Wagen, den er auf die Aufforderung des Pferdeknechtes hin bestiegen hat, wird von den *„unirdischen Pferden"* fortgerissen, seine ultimative Forderung ist ohne jede Wirkung, sie erweist sich als ganz und gar bedeutungslos, sie verfliegt, als wäre sie nie gewesen. Angekommen steigt er nicht selber aus, sondern man hebt ihn fast aus dem Wagen. In der Krankenstube nimmt er sich vor, das Fenster aufzustoßen, aber nicht er, sondern die Pferde stoßen – von außen – die Fenster auf. Er will gleich zurückfahren, aber die Schwester nimmt ihm den Pelz ab, die Mutter *„lockt"* ihn zum Bett; der Junge wäre am besten mit einem Stoß aus dem Bett zu treiben, aber er tut es nicht, er ist *„kein Weltverbesserer“* und läßt ihn liegen. Er wird von den anderen entkleidet, er wird ins Bett getragen. Und so bestätigen sich insgesamt die Worte des Jungen: *„Du bist ja auch nur irgendwo abgeschüttelt, kommst nicht auf eigenen Füßen.“* (78) Unser Text wird hierin zur Beschreibung einer Entmächtigung. Der Arzt wird sichtbar in der Pantomime der Ohnmacht – und diese Ohnmacht steht als Bewegungslosigkeit in einer starken Spannung zur Bewegung, von der er mitgenommen ist.

Und nun von ihm selber her. Wie verhält er sich dem eigenen Bewußtsein nach zu seiner jeweiligen äußeren Befindlichkeit, wie also sieht er sich selber im Spannungsfeld von Machtlosigkeit und Macht? Schon dem ersten Blick entdeckt sich eine eigentümliche Mischung von Einsicht und Täuschung.

Zunächst, gerade gegenüber der tatsächlichen Überwältigung auffällig, die Geste des Herrschens, die Attitüde einer äußeren Mächtigkeit, von der wir wissen, daß sie allenfalls das Residuum einer Vergangenheit ist – wenn sie überhaupt je bestanden hat. Es ist der Glaube an die äußere Handlungsmächtigkeit, an Wirk- und Bewirkungskraft des eigenen Willens. Er ordnet an: *„Hilf ihm“, sagte ich, und das willige Mädchen eilte“* (74), er droht: *„willst du die Peitsche?“* (75), er glaubt, die Bedingungen der Fahrt angeben zu können, und auch im Hause des Jungen wird dieser Grundgestus nicht aufgegeben, wenn auch hier mehr ins Detail gedrängt. Und noch zum Ende hin kann es heißen, daß die Pferde *„treu“* an ihren Plätzen stehen, daß sich das eine *„gehorsam“* vom Fenster zurückzieht (79). Erst nach dem erfolglos den früheren Zuruf des Knechtes aufnehmenden *„Munter!“* bricht die Gebärde jäh und für immer ab.

Aber wenn sich so der Glaube an die äußere Mächtigkeit als Selbsttäuschung erweist, so ist dies doch nur das eine. Auf der anderen Seite finden wir Reflexionen, Kommentare, Interpretationen geradezu, die das Geschehen voll zu begreifen scheinen. Sie beziehen sich einmal auf die Bedingungen der äußeren Wirklichkeit. So weiß er beispielsweise genau, warum Rosa kein Pferd auftreiben wird (74), hat er Einblick in seine bisherige Situation als Landarzt (76). Sie beziehen sich weiter auf die Motivationen anderer Menschen (Rosa *„läuft im richtigen Vorgefühl der Unabwendbarkeit ihres Schicksals ins Haus“* 75). Mit der gleichen Sicherheit aber vermag er auch die mit der Wunde aufgebrochene tiefere Wirklichkeit und Wahrheit seines Lebens und des Zeitalters überhaupt zu fassen (77 bis 79). Nur gegenüber dem Pferdeknecht und den Pferden bleibt er auf Vermutungen angewiesen:

„Als wisse er von meinen Gedanken“ (75)
„als forderten mich die Pferde zur Reise auf“ (76)
„der Lärm soll wohl, höhern Orts angeordnet, ...“ (77)

Sie als einzige sind dem Begreifen entzogen.

Es ist zu fragen, ob man die Selbstdeutungen des Arztes so unmittelbar in die von außen kommende Gesamtdeutung der Erzählung übernehmen darf, wie es vorliegende Interpretationen immer wieder tun. Diese Aussagen haben einen bestimmten Funktionswert innerhalb des Gesamtgefüges, der ihre Verbindlichkeit doch entsprechend relativiert. So kennzeichnen sie jeweils neue Wendungen und Wandlungen (genauer: sie gehen ihnen voraus), und insofern haben sie einmal eine Gliederungsfunktion, zum andern verweisen sie darauf, daß die Verwandlungen außen Verwandlungen in ihm selber entsprechen oder gar sind. Daneben aber reißen sie als Behauptung einer inneren Mächtigkeit gegenüber der äußeren Ohnmacht einen weiteren Gegensatz auf – geradezu modellhaft deutlich im folgenden Stück:

„Ich bin durchaus gefaßt und allen überlegen und bleibe es auch, trotzdem es mir nichts hilft, denn jetzt nehmen sie mich beim Kopf und bei den Füßen und tragen mich ins Bett.“ (78)

– und geben damit einen weiteren Beleg für die Gegenläufigkeit als Gestaltungsprinzip. Tatsächlich stößt jede Linie, die wir verfolgen, gleichsam senkrecht auf eine andere. Es entsteht das Bild eines N e t z e s, undurchdringlich und unzerreißbar – und eben darin scheint unsere Erzählung zuallererst zeichenhaft auf die Wirklichkeit menschlicher Existenz zu verweisen. So zuhanden die Welt im Begreifen auch sein mag, sie wird doch wirklich als Unbegriffene; so überlegen das Selbstbewußtsein sich auch glaubt, es bleibt doch dem Nichtgewollten überantwortet; so dynamisch der Ablauf auch erscheint, es ist doch die Bewegung, die zur Bewegungslosigkeit führt. In dieser Bewegungslosigkeit aber, Bild geworden am Eingang wie am Ausgang der Erzählung, liegt der Hinweis: diese Welt ist immer, ihre Beschaffenheit aufzudecken war Weg und Absicht der Erzählung. Dies gesehen zu haben, dürfte für ein zureichendes Verstehen wichtiger sein als jede tiefenpsychologische oder philosophisch-anthropologische Entschlüsselung der Einzelzüge.

5

Nicht nur der jeweilige Kommentar des Erzählers drückt seine innere Befindlichkeit aus, nicht nur das, was er sagt oder tut, sondern die Erzählung gibt seine Beschreibung an jedem Punkt. Gewiß: es handelt sich um eine Ich-Erzählung, und entsprechend gibt es in ihr nur eine Perspektive. Aber es hieße die Struktur dieses Erzählens völlig verkennen, wollten wir nur aus diesem Grunde auf indirekte Verweisungen schließen. Dinge und Figuren ebenso wie die Natur und der gestaltete Raum sind nicht um ihrer selbst willen da, sondern sie formen in Auswahl und geistiger Fassung eine innere Situation. Dies ist sehr genau zu nehmen: sie formen, aber sie vertreten nicht, projizieren nicht im psychologischen Sinne, sie geben kein auflösbares Gleichnis und erlauben insofern auch keine interpretatorische Reduktion auf ein anderes, das dahintersteht. Oder wie es Fritz Martini, Kafka und Nietzsches Zarathustra zusammennehmend, sagt: der Gedanke ist in das Bild eingeformt, und eben deshalb liegt das „Wesen des Bildes gerade in seiner gedanklichen Unausdeutbarkeit". Es ist die „Figur des Schicksals" selbst[10].

Und so sehen wir den Arzt schon zu Beginn im endlosen eisigen Raum des Winters, unbeweglich wartend. Es ist die Ausgangsposition der Handlung. Aber zugleich teilen die Wörter und Sätze, die diese Position formen, in ihrer Leiblichkeit noch ein anderes mit: sie verlegen Kälte und Erstarrung auch in diese Gestalt hinein. Rosa kommt zurück: „*Am Tor erschien das Mädchen, allein, schwenkte die Laterne*" (74).

---

[10] F. Martini, a.a.O. S. 294 und 301.

„Allein“ wird als verkürzter Nachsatz gefaßt und damit noch deutlicher aus dem prädikativen Bereich gelöst. Es kommt nicht nur allein zurück – es ist auch allein –, eine versteckte Aussage, die auch auf die Figur des Arztes ausstrahlt. Mit dem Auftauchen der Pferde moduliert die Erzählung gleichsam in eine andere Tonart. Nicht daß es Pferde sind und daß dem Arzt eben Pferde fehlten, ist das Entscheidende. Entscheidend ist gegenüber dem Eisigen, Einsamen, Erstarrten, Brüchigen nun der Grundzug von Wärme und Geborgenheit, überspielend endlich in die Gebärde von Gesundheit und Kraft. In den Angaben *„offenes blauäugiges Gesicht“* liegt eine Rückverweisung auf den Landarzt selbst – nicht auf sein eigenes Gesicht, sondern auf die Grundstimmung, die ihn nun trägt. Ebenso fungiert das Lachen von Dienstmädchen und Arzt, fungiert die Beschreibung der Pferde. Aber aus dem Hilfreichen erwächst das Bedrohende. Daß der Knecht plötzlich sein Gesicht an das des Mädchens *„schlägt“*, wird wirksam als Ankündigung eines Umschlages, eines Umschlages auch im Landarzt selbst, vorläufig noch zurückgehalten: noch ist es ein *„schönes“* Gespann, und man kann *„fröhlich“* einsteigen.

Aber nicht nur innerhalb einer Szene spielen die Einzelzeichen zusammen. So verbinden sich beispielsweise das Rot auf des Mädchens Wange (das auf den Knecht zurückzeigt), der Name des Mädchens und die Grundfarbe der Wunde später, durch ihre mit einem Komma abgetrennte Anfangsstellung noch hervorgehoben (77). Rosa als Farbe der Wunde gibt schließlich noch im letzten Abschnitt der Wendung *„Rosa ist sein Opfer“* (79) eine kennzeichnende Doppeldeutigkeit. Das Mädchen und die Wunde, der Junge, bei dem sie aufbricht, und der Arzt, der sie eben in dieser Weise sieht, geben damit ihre gegenseitige Abgegrenztheit auf, ihre unterschiedlichen Positionen in der äußeren Organisation der Wirklichkeit. Diejenige Realität aber, in der sie sich allein verbinden können, ist die des hier sprechenden und sich darstellenden Ichs. Die Beschreibung der Wunde gilt weniger ihr selbst als ihrer Wirkung auf die Innerlichkeit des Arztes, in tieferem Sinne wird sie die seine. Wiederum spielt die Natur mit, wie immer bei Kafka nur mit ihren Stimmungswerten wichtig, wiederum nach innen verlagert. Die Gäste, die *„auf den Fußspitzen, mit* *ausgestreckten Armen balancierend, durch den Mondschein der offenen Tür hereinkommen"* (78), sind eine Erscheinung dieser Natur selbst, gleichsam die körperhafte Verdichtung des Mondscheins, nicht anders entstanden als vorher die „unirdischen" Pferde.

Erscheinung und Erscheinungsformung der Erzählgegenstände gestalten insofern über ihre direkte Funktion hinaus entscheidend die existentielle Wirklichkeit mit, um die es einzig geht – als indirekte Verweisungen, mehr dem Verstehen zugänglich als dem sachlichen Zugriff. Ihre Leistung ist von Leser zu Leser kaum mitteilbar, und also auch hier nur in Andeutungen zugänglich zu machen. Und doch werden wir eben darin die entscheidende Wirklichkeit dieses Erzählens sehen müssen. Und insofern verlangt es eine andere Art Lesen, einen sensibleren Leser als Prosa sonst, ein ahnendes und mitschöpferisches Lesen.

Denn die Sprache leistet hier immer ein Mehrfaches. Einmal dient sie der Heranführung der Handlungselemente, bleibt sie auf den Begriff bezogen, ist die Sache gemeint, für die das Wort steht. Zugleich aber schließen sich die verschiedenen Realitätsphänomenen geltenden Wörter in einer tieferen Schicht zur geistigen Fassung einer existentiellen Lage zusammen, für die die Sprache kein eigenes Zeichen mehr besitzt. Das gilt einmal für ihren assoziativen Zusammenhang, für den die körperliche und ästhetische Information des einzelnen Wortes und der Wortfolge entscheidend ist, zum andern für das Spiel von Widerstand und Bewegung, von dem weiter oben die Rede war, das hier als Zusatzinformation aus den syntaktischen Ordnungen deutlich wird.

Und darin liegt es auch begründet, daß sich die eine und schlüssige Deutung nicht erzielen läßt, daß dem einen die Erzählung im „Strudel der Zusammenhanglosigkeit" das Stenogramm eines Angsttraums gibt[11], ein anderer sie als Ausdruck einer „Freude am Ausgelöschtwerden" faßt[12], daß für den dritten Pferde und Pferdeknecht den „totalen Ausbruch des allgemeinen Menschen- und Tiergerichtes" darstellen[13].

11 Heinz Politzer, Franz Kafka, der Künstler, S. 141 f.
12 Walter H. Sokel, Franz Kafka – Tragik und Ironie, S. 267.
13 Wilhelm Emrich, Franz Kafka. 3. Aufl., S. 144.

Und viele, viele Lösungen noch. Kaum eine von ihnen läßt sich vom Text her nicht begründen. Aber keine von ihnen kann den Anspruch erheben, verbindlich zu sein. Und so wollen wir denn auch hier keine weitere anfügen, den Text nicht, wie H. Politzer es so hübsch sagt, als Rorschachtest der Literatur nehmen[14] und uns also bescheiden. Welche Lösung die Erzählung für einen jeden von uns hat – mache das nicht zuletzt ein jeder mit sich selber aus?[15] Oder wie Kafka es in seiner Fabel selber sagt: „Du aber sitzt an deinem Fenster und erträumst sie dir, wenn der Abend kommt."

---

[14] Heinz Politzer, Franz Kafka, der Künstler, S. 45.

[15] Vgl. als Ergänzung auch Helmut Motekat: „Interpretation als Erschließung dichterischer Wirklichkeit", mit einer Interpretation von Franz Kafkas Erzählung „Ein Landarzt", in: Interpretation moderner Prosa, Frankfurt am Main 1955.

KLEINE PROSASTÜCKE

interpretiert von Carsten Schlingmann

Franz Kafka war ein Meister der kurzen Prosaform, wie seine Zeitgenossen Alfred Polgar, Karl Kraus und Robert Walser. Wie diese hat er Skizzen, Betrachtungen, Reflexionen und Aphorismen von höchster Sprachkunst hinterlassen. Von den klassischen deutschen Dichtern, die ihm auf diesem Gebiet Vorbilder gewesen sein mochten, sind vor allem Johann Peter Hebel und Heinrich von Kleist zu nennen. Auch die chassidischen Parabeln und Anekdoten, um deren Nachgestaltung sich eben zu seiner Zeit Martin Buber verdient gemacht hat, und die Paradoxa Sören Kierkegaards haben, von ganz anderen Richtungen her, auf diesen Teil seines Werkes eingewirkt[1].

1

Kafkas erste Veröffentlichung überhaupt war eine Auswahl von acht knappen Stücken, die durchnumeriert unter dem Gesamttitel „Betrachtung" 1908 in der Zeitschrift „Hyperion" erschien. Fünf Jahre später kam bei Rowohlt in Leipzig seine erste selbständige Buchveröffentlichung heraus. Sie trug ebenfalls den Titel „Betrachtung" und enthielt neben den acht Stücken von 1908 zehn weitere kurze Texte, diesmal alle mit eigenen Überschriften versehen. An dritter Stelle in dem schmalen Bändchen findet sich „Der plötzliche Spaziergang", niedergeschrieben am 5. Januar 1912, also im Jahr der Entstehung der bedeutenden Werke „Das Urteil", „Die Verwandlung" und „Der Verschollene" („Amerika"). Das genaue Datum ergibt sich aus dem Tagebuch[2], in das diese Betrachtung zuerst eingetragen worden ist. Sie steht zwischen anderen, mehr oder weniger persönlichen Eintragungen, und es

[1] Vgl. die Stellen über Kierkegaard (Namenregister!) in den „Briefen"; darin (S. 173) schreibt Kafka über die chassidischen Geschichten, sie seien „das einzige Jüdische, in welchem ich mich, unabhängig von meiner Verfassung, gleich und immer zuhause fühle". Vgl. auch Martin Buber „Die Erzählungen der Chassidim", Zürich 1949 (Manesse).

[2] „Tagebücher", S. 232.

hat den Anschein, als sei auch „Der plötzliche Spaziergang" aus einer Reflexion des Autors über sich selbst hervorgegangen. An drei Stellen weicht die Druckfassung von der Tagebuchfassung in einer Weise ab, die für die künstlerische Gestaltung aufschlußreich ist. Darauf wird später noch einzugehen sein. – Ähnlich wie ein Lyriker seine Verse bildet, so hat Kafka in diesem Prosastück die Satzperioden zu einer vielgliedrigen rhythmischen Ordnung gefügt. Im Schriftbild werden Verse ja traditionell durch die Zeilenordnung kenntlich gemacht; in der Prosadichtung werden Sätze und Gliedsätze dagegen fortlaufend geschrieben und mit Hilfe von Satzzeichen notdürftig nach grammatikalischen Gesichtspunkten gegeneinander abgegrenzt. Lediglich die größeren Einheiten – Absätze, Abschnitte, Kapitel, Teile – werden beim Schriftbild berücksichtigt. Gerade für Kafkas „Betrachtung" aber wäre eine besondere Anordnung des Textes zum Verständnis des Aufbaus nützlich. „Der plötzliche Spaziergang", der im Original[3] einen durchlaufenden Absatz bildet, ist darum in der folgenden Wiedergabe nach Sinneinheiten aufgegliedert worden. An der Orthographie und Interpunktion wurde nichts geändert. Die vorangestellten Buchstaben und Ziffern dienen der Orientierung.

Der plötzliche Spaziergang

I A 1a Wenn man sich am Abend endgültig entschlossen
zu haben scheint, zu Hause zu bleiben,
den Hausrock angezogen hat,
nach dem Nachtmahl beim erleuchteten Tische sitzt
und jene Arbeit oder jenes Spiel vorgenommen hat,
nach dessen Beendigung man gewohnheitsgemäß
schlafen geht,
b wenn draußen ein unfreundliches Wetter ist, welches
das Zuhausebleiben selbstverständlich macht,
c wenn man jetzt auch schon so lange bei Tische
stillgehalten hat, daß das Weggehen allgemeines
Erstaunen hervorrufen müßte,
d wenn nun auch schon das Treppenhaus dunkel
und das Haustor gesperrt ist,

[3] „Erzählungen", S. 32 f.

2a und wenn man nun trotz alledem in einem
plötzlichen Unbehagen aufsteht,
den Rock wechselt,
sofort straßenmäßig angezogen erscheint,
weggehen zu müssen erklärt,
es nach kurzem Abschied auch tut,
je nach der Schnelligkeit, mit der man
die Wohnungstür zuschlägt, mehr oder weniger
Ärger zu hinterlassen glaubt,
b wenn man sich auf der Gasse wiederfindet, mit Gliedern, die diese schon unerwartete Freiheit, die man ihnen verschafft hat, mit besonderer Beweglichkeit beantworten,
c wenn man durch diesen einen Entschluß alle
Entschlußfähigkeit in sich gesammelt fühlt,
d wenn man mit größerer als der gewöhnlichen Bedeutung
erkennt, daß man ja mehr Kraft als Bedürfnis
hat, die schnellste Veränderung leicht zu bewirken
und zu ertragen,
3 und wenn man so die langen Gassen hinläuft, –
B dann ist man für diesen Abend gänzlich aus seiner
Familie ausgetreten, die ins Wesenlose abschwenkt,
C während man selbst, ganz fest, schwarz vor Umrissenheit, hinter die Schenkel schlagend, sich
zu seiner wahren Gestalt erhebt.
II A Verstärkt wird alles noch,
B wenn man zu dieser späten Abendzeit einen Freund aufsucht, um nachzusehen, wie es ihm geht.

Der Text besteht aus zwei Sätzen: einem ungewöhnlich langen (I), dem ein relativ kurzer folgt (II). In der Schulstilistik pflegt man ein Gebilde wie die erste dieser beiden Perioden als „Bandwurmsatz" zu rügen. Aber schon ein Blick auf die Gliederung dieses Ungetüms zeigt, daß es in Wirklichkeit ein harmonisches und sehr durchsichtiges Sprachgefüge darstellt. Drei Abschnitte sind darin zu unterscheiden. Der erste (A) reicht bis zum Gedankenstrich und enthält eine einzige Kette von Konditionalsätzen; der zweite (B) besteht aus dem langerwarteten Hauptsatz mit dazugehörigem Relativsatz; der dritte (C) bildet einen formal dem Hauptsatz untergeordneten, inhaltlich ihm aber nebengeordneten Adversativsatz. Den drei Abschnitten entsprechen die drei einleitenden Konjunktionen *„wenn – dann – während“*, wobei *„wenn“* und *„während“* das Verhältnis zu dem in der Mitte stehenden Hauptsatz ordnen und das *„dann“* als Korrelat zu den vielen *„wenn“* die Aufgabe hat, den Hauptsatz kräftig von den schier kein Ende nehmenden Konditionalsätzen abzuheben. Diese umfassen sechsmal soviel Text wie die Abschnitte B und C zusammen. In A lassen sich deutlich drei nebengeordnete Glieder erkennen (1, 2, 3), die untereinander kopulativ durch *„und“* verbunden sind. Das dritte (3) ist ganz kurz und bildet den Übergang zum Hauptsatz. Dagegen laufen die beiden ersten Glieder (1, 2) völlig parallel zueinander: Jedes besteht aus vier asyndetisch verbundenen (also durch Kommata voneinander getrennten) und jedesmal neu mit *„wenn“* beginnenden Unterabschnitten (a, b, c, d). Beim ersten dieser Unterabschnitte (1a, 2a) hängen jeweils von der Konjunktion *„wenn“* gleich mehrere Konditionalsätze ab. Daß einige noch durch Gliedsätze zweiten und dritten Grades näher bestimmt werden, kann bei dieser grob formalen Betrachtung des Aufbaus unberücksichtigt bleiben. – Nehmen wir nun den zweiten Satz noch mit hinzu, so läßt sich zur Veranschaulichung der großen rhythmischen Linie dieses Textes folgendes Gerüst bilden:

Wenn . . .,
wenn, wenn, wenn,
und wenn . . .,
wenn, wenn, wenn,
und wenn . . ., –
dann . . .,
während . . .
(Verstärkt),
wenn . . .

Der Aufbau der Satzgefüge ist für uns hier darum von so besonderem Interesse, weil in ihm der Sinn dieses Prosastückes am lebendigsten zum Ausdruck kommt. Erst das rechtfertigt den formal so bestechenden „Bandwurmsatz“. Aus der Grammatik wissen wir, daß in den Konditionalsätzen die Bedingungen angegeben sind, unter denen das im übergeordneten Satz genannte Ereignis eintritt. In unserem Beispiel wird dieses nur mit wenigen Worten bedacht, während die Bedingungen einen ungewöhnlich großen Raum beanspruchen. Ihre Gliederung ist sinnfällig: Der Aufzählung all derjenigen Fakten, die das Subjekt an einen bestimmten Zustand fesseln (1), folgen parallel und ganz ähnlich gestaffelt die Entschlüsse und Handlungen, mit denen es eben diesen Zustand aufheben kann (2); den Abschluß bildet das sich aus beiden ergebende Fazit *„und wenn man so die langen Gassen hinläuft“* (3). Die Betonung liegt hier auf dem *„so“*, dem nun das erlösende *„dann“* antwortet. Doch was nun in dem Hauptsatz folgt, stellt kein eigenes Geschehen dar; es ist vielmehr nur die Deutung des sich unmittelbar aus der Erfüllung der Bedingungen ergebenden Zustandes: Das Subjekt ist damit *„für diesen Abend gänzlich aus seiner Familie ausgetreten, die ins Wesenlose abschwenkt“*, und erhebt sich *„zu seiner wahren Gestalt“*. – Aber in Wahrheit wird ja gar nicht die Erfüllung der Bedingungen beschrieben, sondern nur der Wunsch danach. Zwar ist dieser nicht gänzlich irreal (das Stück steht im Indikativ Präsens und nicht, was durchaus möglich gewesen wäre, im Konjunktiv Präteritum), doch die zähe Verflochtenheit der Gewohnheiten und Widerstände und die Mühsal der sich gegen sie durchsetzenden Handlungen machen deutlich, daß es sich um ein geradezu heroisches Unternehmen handelt. Eben jenes in der äußeren Gliederung sich dokumentierende Gleichgewicht zwischen Momenten der Beharrung und Momenten des Aufbegehrens zeigt das nahezu Unmögliche des Gelingens. Der Leser wird sich diesem Eindruck nicht entziehen können, zumal das Subjekt *„man“* in seiner Unbestimmtheit alle einschließt: das Ich, das Du, den Jedermann. Voraussetzung ist natürlich, daß der Leser die Bedingungen so annimmt, wie sie hier gegeben sind, und nicht irgendwo Abstriche macht, weil zufällig etwas auf seine persönlichen Verhältnisse nicht zutrifft. Es ist hier von der Situation einer normalen geordneten, ihr Leben gemeinsam führenden Familie auszugehen. Wichtig ist, daß besondere Spannungen zwischen der Familie und dem einzelnen Mitglied, die dessen *„plötzlichen Spaziergang“* verständlich machen könnten, gerade n i c h t vorhanden sind. Nichts weist auch darauf hin, daß es sich bei dem Subjekt des Stückes ausgerechnet um einen Sohn der Familie handelt. Bezeichnenderweise hat Kafka aus der Tagebuchfassung den „väterlichen Ärger"[4] als ein zu persönliches und die Allgemeingültigkeit störendes Akzidens gestrichen. Auslösendes Moment für die Handlung des Subjekts ist ein nicht genauer zu bestimmendes *„plötzliches Unbehagen"* (2a); ebensowenig ist seine Erklärung *„weggehen zu müssen"* näher zu ergründen. Das Bedürfnis nach Freiheit, das daraus spricht, kann eben nicht weiter erklärt werden. Das einprägsame Bild für die Selbstbefreiung und Selbstwerdung (C) ist ebenso wie der schwungvolle Übergang zum Hauptsatz (3) eine nachträgliche Einfügung des Autors. Statt dessen hieß es im Tagebuch[5]: „... dann ist man für diesen Abend so gänzlich aus seiner Familie ausgetreten, wie man es durchdringender durch die entferntesten Reisen nicht erreichen könnte, und man hat ein Erlebnis gehabt, das man wegen seiner für Europa äußersten Einsamkeit nur russisch nennen kann." Der Schlußsatz (II) entspricht dem der Druckfassung (bis auf das Wort *„alles"*, für das im Tagebuch nur „es" steht). An Stelle des etwas empfindsam pathetischen Vergleichs für ein „gehabtes" Erlebnis steht in der endgültigen Fassung der scharf herausgearbeitete Gegensatz zwischen der *„ins Wesenlose"* abschwenkenden Familie und dem *„schwarz vor Umrissenheit"* dahinlaufenden Individuum. *„Verstärkt wird alles noch"* – nämlich der gänzliche Austritt aus der Familie *„für diesen Abend"* und das Sicherheben zur *„wahren Gestalt"* –, wenn der so befreit Dahinlaufende sich ein Ziel setzt. Das Gefühl, *„durch diesen einen Entschluß alle Entschlußfähigkeit in sich gesammelt"* zu haben, und die Erkenntnis, *„daß man ja mehr Kraft als Bedürfnis hat, die schnellste Veränderung leicht zu bewirken und zu ertragen"*, können durch einen solchen spontanen Besuch bekräftigt werden. Der Kürze dieses zweiten Satzes, der dem verschachtelten ersten Satz gleichsam spielend folgt, entspricht die Leichtigkeit, mit der ein einmal Entschlossener sich zu

[4] „Tagebücher", S. 232.
[5] „Tagebücher", S. 233.

weiteren Entschlüssen aufzuschwingen vermag. Doch sich so *„zu seiner wahren Gestalt"* zu erheben, bleibt in Kafkas – und damit wohl auch in unserer – durch Verwaltung und Arbeit determinierten Welt ein von lauter *„wenn"* umstellter Wunschtraum, dem *„man"* sich am *„Abend"* gern hingibt. – In diesem artistischen Musterstück deutscher Prosa hat Kafka seine aus den späteren Werken bekannte Thematik schon kräftig angeschlagen: der Versuch des Individuums, die alles beherrschenden Instanzen zu überwinden und den Eingang zum Gesetz des eigenen Lebens zu finden.

2

Franz Kafka hat nach dem Band „Betrachtung" von 1913 noch einmal 1919 eine Sammlung von Prosastücken herausgegeben, die er im Untertitel als „Kleine Erzählungen" bezeichnete. Der Haupttitel heißt nach der zweiten dieser Erzählungen „Ein Landarzt". Das Buch erschien im Verlag Kurt Wolff (München und Leipzig) und trägt die Widmung „Meinem Vater". Es enthält Prosadichtungen unterschiedlichsten Charakters und recht verschiedener Länge. Das bei weitem kürzeste der 14 Stücke ist das achte, das folgendermaßen lautet[6]:

Das nächste Dorf

Mein Großvater pflegte zu sagen: „Das Leben ist erstaunlich kurz. Jetzt in der Erinnerung drängt es sich mir so zusammen, daß ich zum Beispiel kaum begreife, wie ein junger Mensch sich entschließen kann, ins nächste Dorf zu reiten, ohne zu fürchten, daß – von unglücklichen Zufällen ganz abgesehen – schon die Zeit des gewöhnlichen, glücklich ablaufenden Lebens für einen solchen Ritt bei weitem nicht hinreicht."

Die Erzählsituation ist einfach: Ein Ich, das nicht näher bekanntgemacht wird, gibt in wörtlicher Rede wieder, was sein

[6] „Erzählungen", S. 168; die 14 „Kleinen Erzählungen" nehmen in dem Band die Seiten 143–196 ein.

Großvater zu sagen pflegte, wenn er im Alter Betrachtungen über sein vergangenes Leben anstellte. Das Ich erscheint im Rahmensatz jedoch nur indirekt in der Form des Possessivpronomens, was zur Folge hat, daß der Leser fast unwillkürlich in diese „Leerstelle" hineingezogen wird. Der Großvater wird so zum Großvater des jeweiligen Lesers, zumal jeder den ersten allgemeinen Erfahrungssatz leicht seinem eigenen Großvater in den Mund legen könnte: *„Das Leben ist erstaunlich kurz."* Die Situation des erzählenden Ich ist ihrerseits der des Großvaters nachgebildet; zur Verdeutlichung ließe sich der Rahmensatz so paraphrasieren: Ich pflege den Leuten gern zu erzählen, was mein Großvater früher immer sagte. Dadurch bekommen dessen Worte etwas von der Zeit Unabhängiges; sie erscheinen als endgültig formulierter Gedanke beliebig wiederholbar. Zugleich bleibt aber eine gewisse Distanz spürbar. Denn es sind die Worte eines sehr alten Mannes, für den das Leben nichts als eine Erinnerung ist; er redet, als sei das Leben für ihn bereits zu Ende gegangen. Der „Enkel" und mit ihm der Leser können seine Erfahrung nur denkend nachvollziehen; sie bleibt für den, der das Leben noch nicht abgeschlossen hat, doch unbegreiflich. Das bestätigt sich auf der Stelle durch das „Beispiel", mit dem der Großvater demonstriert, für wie *„erstaunlich kurz"* er das Leben hält Er bedient sich dabei eines höchst kunstvoll gebauten Satzgefüges, in welchem der ausladende letzte Teil (vom zweiten *„daß"* an) einen Gliedsatz 5. Grades darstellt. Schritt für Schritt entfaltet der Großvater in immer neuen logischen Wendungen seine Erkenntnis, wobei er die sich anbahnende Überraschung gewissermaßen bis zuletzt vor sich herschiebt. Erst mit dem letzten Wort ist der entscheidende Schlußstein des Satzgebäudes gesetzt, doch nicht um unsere Erwartung zu befriedigen, sondern um uns eine unbeantwortbare Frage aufzugeben. Was der Großvater mit *„erstaunlich kurz"* meint, übertrifft unsere Vermutungen nun wirklich *„bei weitem"*. – Der Großvater und ein solcher „junger Mensch" sehen das Leben offensichtlich aus entgegengesetzten Richtungen. Dieser rechnet mit ihm wie mit einem festen, sich in die Zukunft erstreckenden und ihm zur Verfügung stehenden Zeitraum; er könnte die Zeit, die man für einen Ritt ins nächste Dorf braucht, mit der ihm mutmaßlich noch gegebenen Lebenszeit vergleichen und feststellen, daß zu Befürchtungen – selbst wenn er von *„unglücklichen Zufällen"* aufgehalten werden sollte – kein Anlaß besteht; er könnte jeden Tag aufs neue ins nächste Dorf reiten. Ganz anders der Großvater: Für ihn ist das Leben eine Sache der Erinnerung, die mit einer festen, sich in die Vergangenheit erstreckenden Zeitgröße keinen erkennbaren Zusammenhang mehr besitzt; die vergangene Lebenszeit hat für ihn nicht einmal einen negativen physikalischen Wert, sie ist zu einer irrealen Größe geworden, er kann nicht mehr mit ihr rechnen, sie ist einfach verschwunden. Vorhanden und damit von irgendwelcher Bedeutung ist nur noch, was ihm seine gegenwärtige Erinnerung vom vergangenen Leben läßt. Sie ist der neue Maßstab, und es zeigt sich, daß sogar von einem *„gewöhnlichen, glücklich ablaufenden Leben"* in der Erinnerung so wenig übrigbleibt, daß es die Zeit, die man für einen Ritt ins nächste Dorf braucht, *„bei weitem"* nicht aufwiegt. Wichtig ist die Einschränkung des Großvaters, daß er solche Entschlossenheit eines jungen Menschen *„kaum [!] begreife"*; also versteht er sie wohl noch (nicht zuletzt aus eigener früherer Erfahrung), aber er selbst könnte sie jetzt nicht mehr aufbringen. Doch dieses Kaum-begreifen-Können ist noch differenzierter zu deuten; denn der Großvater ist ja längst frei von Ambitionen wie der, ins nächste Dorf reiten oder gar Größeres unternehmen zu wollen. Also kann von einer Furcht in dem genannten Sinne bei ihm gar keine Rede sein. Das für ihn kaum Begreifliche ist vielmehr die Furchtlosigkeit derer, die sich so selbstverständlich wie bei einem Ritt von einem Dorf zum nächsten durch das Leben bewegen in der Meinung, sie kämen auf diese entschlossene Weise stets an den Ort ihrer Bestimmung.

Es ist nun wohl zu erkennen, daß die paradoxen Züge dieses kleinen Prosastückes nur der Ausdruck sind für seinen parabolischen Sinn. Das verfremdende Licht, unter dem sich hier der Zeitbegriff auflöst, weist auf etwas Außerzeitliches. Es wird ahnbar, daß man sein Ziel eigentlich gar nicht mit Hilfe eines in der Zeit verlaufenden Weges erreichen kann. Das Ziel liegt jenseits der Zeit, und der Großvater mit seinem „Mangel an Zeitsinn" scheint ihm schon nahe zu sein. Zwei

Reflexionen Kafkas mögen zeigen, daß die hier entwickelten Gedanken den Autor auch als Denker beschäftigten[7]:

Jedem Augenblick entspricht auch etwas Außerzeitliches. Dem Diesseits kann nicht ein Jenseits folgen, denn das Jenseits ist ewig, kann also mit dem Diesseits nicht in zeitlicher Berührung stehn.

Und:

Es gibt ein Ziel, aber keinen Weg; was wir Weg nennen, ist Zögern.

3

Zu Kafkas Lebzeiten erschienen im Druck nur die in dem 300-Seiten-Band vereinigten „Erzählungen" und das erste Kapitel des Amerika-Romans „Der Heizer". Alles übrige wurde, hauptsächlich von Max Brod, aus dem Nachlaß veröffentlicht. Dabei ist immer noch vieles, vor allem Briefe, ungedruckt. Anderes muß als verloren gelten, und einen großen Teil seiner Manuskripte hat Kafka selbst vernichtet oder gegen Ende seines Lebens unter seiner Aufsicht vernichten lassen. In dem Band mit dem Titel „Beschreibung eines Kampfes"[8] hat Max Brod unter Mitarbeit Heinz Politzers solche Stücke zusammengefaßt, die mehr oder weniger als vollendet gelten können. Darunter ist, hervorgezogen aus einem Konvolut loser Blätter, folgender Text, der im Spätherbst 1920 entstanden sein dürfte[9]:

Kleine Fabel

„Ach", sagte die Maus, „die Welt wird enger mit jedem Tag. Zuerst war sie so breit, daß ich Angst hatte, ich lief weiter und war glücklich, daß ich endlich rechts und links in der Ferne Mauern sah, aber diese langen Mauern eilen so schnell aufeinander zu, daß ich schon im letzten Zimmer bin, und dort im Winkel steht die Falle, in die ich laufe." – „Du mußt nur die Laufrichtung ändern", sagte die Katze und fraß sie.

---

7 „Hochzeitsvorbereitungen", S. 94 und 42.
8 Zuerst 1936 erschienen; 3. Ausgabe 1954.
9 „Beschreibung eines Kampfes", S. 119; zur Datierung vgl. „Kafka-Symposion", 1965, S. 83.

Tierfiguren spielen in Kafkas Dichtungen eine wichtige Rolle. Dennoch hat er, von dieser einen Ausnahme abgesehen, keine eigentlichen Tierfabeln geschrieben, und selbst diese unterscheidet sich ganz wesentlich von anderen Vertretern ihrer Gattung. Darum war es kein schlechter Einfall des Herausgebers Max Brod – wenn auch eine Eigenmächtigkeit –, daß er den Text, der in Kafkas Manuskript tatsächlich ohne Überschrift steht, ironisch mit *„Kleine Fabel"* überschrieb. (Vom Thema her ist es eher eine „große Tragödie".) Die Fabeltradition hätte als Titel gefordert: Die Katze und die Maus. Dadurch wäre aber das Überraschungsmoment, auf dem die beklemmende Wirkung des Textes beruht, wesentlich abgeschwächt: Die Katze darf erst am Schluß genannt werden und ins Bewußtsein des Lesers treten. – Trotz des sprichwörtlichen Gegensatzes zwischen Katze und Maus ist dieses Paar in der überlieferten Fabeldichtung nur selten anzutreffen. Auch La Fontaine mußte sich erst von einem Prinzen bitten lassen, bevor er sich dazu bequemte, die Fabel „Le Vieux Chat et la Jeune Souris" zu dichten. Offenbar wirkte die absolute Überlegenheit der Katze über die Maus auf die Fabulisten wenig anregend, da sie dem Handlungsablauf kaum einen Spielraum ließ. Für Kafka aber war wohl gerade die Eindeutigkeit dieses Verhältnisses der Ausgangspunkt für seine *„Kleine Fabel"*. Die Maus mit ihrer Angst und Schwäche, zwei sich gegenseitig bedingenden Eigenschaften, kann der Katze, die für die Vernichtung von Mäusen geradezu geschaffen zu sein scheint, überhaupt nicht entgehen. Im Gegensatz zu der üblichen Freude der Fabel an handgreiflichen Realien wird bei Kafka ein mehr surrealer, an Traumlandschaften Giorgio de Chiricos[10] erinnernder Schauplatz entworfen. Die Klagen der Maus sind an eine unbestimmte Instanz gerichtet; an ihrer Stelle erscheint am Schluß die allesverschlingende Katze, überraschend zwar, doch auch folgerichtig; denn, so gibt uns die Geschichte zu verstehen, wo Mäuse sind, kann die Katze nicht fehlen. Die Maus läuft um ihr Leben,

[10] Vgl. sein Bild „Melancholie und Mysterium einer Straße" von 1914. Die Erklärung dazu in „Malerei unserer Welt" (Köln 1957, S. 306) lautet: „Die Traumwelt Chiricos ist wahrhaft ‚bedrohlich'. Jeder Gegenstand ist eine Vorahnung, der Vorbote einer unbekannten und deshalb beunruhigenden Zukunft."

wir erfahren damit im wahrsten Sinne des Wortes ihren „Lebenslauf"[11]. Am Anfang steht, wie in der Parabel „Das nächste Dorf", eine allgemeine Feststellung, die ähnlich wie dort einer menschlichen Erfahrung entspricht: daß nämlich mit zunehmendem Alter die Möglichkeiten des einzelnen, sein Leben frei zu gestalten, immer mehr zusammenschrumpfen. Die Fabel drückt diesen komplexen Sachverhalt mit der parabolischen Formel aus: *„die Welt wird enger mit jedem Tag"*, also durch einen Vergleich mit räumlich-zeitlichen Umstandsbestimmungen. Der Beweis für diese Behauptung ist der Lebenslauf der Maus, den sie selbst bis zu dem Punkt beschreibt, an dem die Katze sie erhascht. Beklemmend ist, wie in dieser Beschreibung Raum und Zeit förmlich zusammenschnurren und bei der Falle enden. Zuerst *„war"* die Welt so beängstigend breit; die Maus *„lief"* immer weiter und *„sah"* zu ihrem Glück *„endlich"* Mauern *„in der Ferne"*; aber nun *„eilen"* (Präsens!) sie *„so schnell"* aufeinander zu (das Verhältnis hat sich umgekehrt; die Mauern können nun ihrerseits es kaum erwarten, sich zu treffen!), daß sie *„schon im letzten Zimmer"* ist (sie, die immer nur rannte, hat sich bereits von der Zeit überrennen lassen), und *„dort im Winkel"* sieht sie auch schon die Falle stehen: *„in die ich laufe"* (Futur!). Ihr Ende in der Falle wäre unabwendbar. Doch nun tritt eine pointierte Wendung zum – Schlimmeren ein. Die Katze, die wer weiß wie lange schon den „Lebenslauf" der Maus belauert hat, gibt dieser einen logisch unwiderlegbaren Rat, um sie im gleichen Augenblick aufzufressen. Wie in der berühmten Türhüterlegende „Vor dem Gesetz"[12] wird auch hier die erlösende Antwort erst gegeben, als sie keinen Sinn mehr hat. Doch im Vergleich zu dem Wort des Türhüters ist der Rat der Katze deutlich ironisch. Sie gibt ihn, ohne ihn ernst zu meinen. Doch konnte die Maus selbst ihn überhaupt ernst nehmen? Stand es noch in ihrer Macht, die Laufrichtung zu ändern? War ihr nicht vielmehr der Zuruf *„die Laufrichtung ändern"* ein völlig unverständliches Wort? Wurde die Maus getäuscht? Ist die

---

11 W. H. Sokel („Franz Kafka – Tragik und Ironie", S. 22) spricht von einer auf allerengsten Raum zusammengedrängten Biographie, dem „Bericht eines Lebenslaufes".

12 In Franz Kafka „Das Urteil", Fischer Bücherei 19, S. 81 f.

Katze ein Sadist oder verkörpert sie das Böse in der Welt? Das alles sind unbeantwortbare Fragen, man sollte sie deshalb auch gar nicht ernsthaft stellen. Beschränkt man sich jedoch auf die Frage nach der Funktion der Katze als Gegenspielerin der Maus, so ergibt sich: Der Widerspruch in ihrem Verhalten ist nur der witzig-paradoxe Ausdruck dafür, daß jemandem, der immer nur angstvoll vorwärts läuft, nicht zu helfen ist. Kafkas „*Kleine Fabel*" vermittelt keine Lebensweisheit, keine „Moral", sondern ist eine in die Form der Tierfabel gekleidete Parabel über das, was wir gewöhnlich so leichthin mit dem Ausdruck „Lebenslauf" bezeichnen.

4

Die zwölf im Band „Beschreibung eines Kampfes" wiedergegebenen Prosastücke – darunter auch die „Kleine Fabel" – entstammen einem Bündel loser Blätter[13] aus Kafkas Nachlaß, die außerdem noch viele Notizen und Fragmente enthielten. Sie sind in den Band „Hochzeitsvorbereitungen auf dem Lande" aufgenommen worden. Darunter befindet sich ein Text[14], der, wenn auch ohne Überschrift, doch ein geschlossenes Ganzes bildet und folgendermaßen lautet:

> Läufst du immerfort vorwärts, plätscherst weiter in der lauen Luft, die Hände seitwärts wie Flossen, siehst flüchtig im Halbschlaf der Eile alles an, woran du vorüberkommst, wirst du einmal auch den Wagen an dir vorüberrollen lassen. Bleibst du aber fest, läßt mit der Kraft des Blicks die Wurzeln wachsen tief und breit – nichts kann dich beseitigen und es sind doch keine Wurzeln, sondern nur die Kraft deines zielenden Blicks –, dann wirst du auch die unveränderliche dunkle Ferne sehn, aus der nichts kommen kann als eben nur einmal der Wagen, er rollt heran, wird immer größer, wird in dem Augenblick, in dem er bei dir eintrifft, welterfüllend und du versinkst in ihm wie ein Kind in den Polstern eines Reisewagens, der durch Sturm und Nacht fährt.

[13] Konvolut A und B, vgl. „Kafka-Symposion", 1965, S. 68 f.
[14] „Hochzeitsvorbereitungen", S. 352.

Auch dieses Prosastück enthält das Motiv des Laufes. Doch hier bewegt es sich nicht auf der Fabelebene von Katze und Maus, hier wird nicht der Musterfall eines Lebenslaufes ironisch-witzig bis zum bösen Ende durchgespielt. Vielmehr handelt nur der erste und kürzere Teil vom Laufen; der zweite entwirft eine Gegenhaltung: das Festbleiben. Ähnlich wie im „Plötzlichen Spaziergang" handelt es sich um zwei Perioden mit Konditionalsätzen. Das wird nur darum nicht so deutlich, weil die Konjunktion „wenn" ausgespart ist. Nur das den Hauptsatz (des zweiten Teiles) einleitende *„dann"* steht auch hier. Dieser Hauptsatz selbst – *„dann wirst du auch die unveränderliche dunkle Ferne sehn"* – enthält jedoch noch nicht die Hauptsache, sondern nur die Bedingung für den Eintritt jenes Ereignisses, das in der Bildersprache dieses Textes als das zu erstrebende Ziel genannt wird: das Mitgenommenwerden vom *„Wagen"*. Im Gegensatz also zum „Plötzlichen Spaziergang" mündet dieses Stück in die poetische Beschreibung eines dauerhaft erfüllten Zustandes ein. Der Vergleich mit dem Kind, das in den Polstern eines durch Sturm und Nacht fahrenden Reisewagens versinkt, hat etwas vom Zauber eines Glücksmärchens, das man Kindern vor dem Einschlafen erzählt. Doch der Text im ganzen besitzt kaum die Naivität des Märchens, er dürfte eher der dichterische Ausdruck einer konzentrierten Meditation sein. Entstanden ist er wie die „Kleine Fabel" in den letzten Lebensjahren Kafkas, wahrscheinlich im Spätherbst 1920. Er hat die Form eines Mahnwortes, ähnlich denen im Neuen Testament, die zur Wachsamkeit und Klugheit aufrufen. Dort stellt Christus in Gleichnissen richtiges und falsches Verhalten gegenüber, und immer wieder heißt es am Schluß: „Darum wachet! Denn ihr wißt nicht, an welchem Tage euer Herr kommt[15]." Im Unterschied hierzu ist aber in Kafkas Stück von keinem „Herrn" die Rede. Das ist höchst bemerkenswert. Denn schließlich stellt in seinem Gesamtwerk das Gegenüber von Herr und Knecht, Vater und Sohn, Gericht und Angeklagtem, Schloß und Dorf, Kaiser und Untertan die beherrschende Thematik dar. Selbst hinter der Katze in der „Kleinen Fabel" verbirgt sich noch

[15] Matth. 24, 42; vgl. aber auch Matth. 25, 13; 26, 41; Markus 13, 33–37; Lukas 12, 35–48.

schattenhaft die übermächtige Vatergestalt. Statt von irgendeiner Autorität ist jedoch in dem hier betrachteten Text von einem *„Wagen"* die Rede, und das *„du"*, mit dem sich zu identifizieren der Leser aufgefordert wird, ist kein Sohn, kein Kind, kein Untertan mehr, sondern ein freier und sich selbst verantwortlicher Mensch, der allerdings mit dem Kind noch das gemeinsam hat, daß er im Augenblick der Erfüllung *„wie ein Kind"* selig sein kann.

Das im ersten Teil beschriebene Verhalten erinnert an Fausts Bekenntnis[16]:

> Ich bin nur durch die Welt gerannt;
> Ein jed' Gelüst ergriff ich bei den Haaren,
> Was nicht genügte, ließ ich fahren,
> Was mir entwischte, ließ ich ziehn.

Doch sogleich wird auch der Unterschied spürbar: Das bei Kafka angeredete Du ist nicht von jenem ruhelosen faustischen Streben erfüllt; es ist vielmehr ein moderner Jedermann mit der für unsere Zeit so typischen Zerstreutheit und Oberflächlichkeit. Indifferent plätschert er *„in der lauen Luft"*; die Hände benutzt er nicht zum Festhalten, sondern bewegt sie *„seitwärts wie Flossen"*, um rascher vorwärts zu kommen. Hält er an diesem flüchtigen Unwesen fest, so wird er *„einmal auch den Wagen an [sich] vorüberrollen lassen"*, unbeachtet, unerkannt. Dagegen steht die andere Haltung: *„Bleibst du aber fest"* – also unabgelenkt, konzentriert, standhaft oder, um Worte zu gebrauchen, wie sie im Neuen Testament, bei Hölderlin oder Eichendorff stehen: wach und nüchtern. Mit der *„Kraft des Blicks"* lasse man *„die Wurzeln wachsen tief und breit"*. Diese etwas konventionelle und pathetisch vorgetragene Metapher von Wachstum und Verwurzelung wird aber gleich wieder zurückgenommen, denn *„es sind doch keine Wurzeln, sondern nur die Kraft deines zielenden Blicks"*. Es kommt auf diese Unbeirrbarkeit der Person an, nicht auf irgendwelche wurzelhaften „Beziehungen", *„dann wirst du auch die unveränderliche dunkle Ferne sehn"*. Dies stellt die

[16] V. 11433/37; Vgl. Goethes Werke, Hamburger Ausgabe, Bd. 3, S. 344.

genaue Umkehrung der Situation in Kafkas Parabel „Eine kaiserliche Botschaft"[17] dar: Vom sterbenden Kaiser aus gesehen ist das Du nur ein „jämmerlicher Untertan", ein „winzig vor der kaiserlichen Sonne in die fernste Ferne [!] geflüchteter Schatten", den die Botschaft nie erreichen wird. „Du aber sitzt an deinem Fenster und erträumst sie dir, wenn der Abend kommt." Damit endet die Parabel. Diesem Traum am Abend, der unerfüllt bleiben wird, steht in unserem Text die Aufforderung gegenüber, nicht zu träumen, sondern mit der *„Kraft [des] zielenden Blicks"* nun selbst jene *„unveränderliche dunkle Ferne"* wahrzunehmen, in der kein sagenhafter Kaiser residiert, sondern *„aus der nichts kommen kann als eben nur einmal der Wagen"*. Das Wesen dieses Wagens wird nicht näher erklärt; es wird aber erfahrbar in seiner Wirkung: *„er rollt heran, wird immer größer, wird in dem Augenblick, in dem er bei dir eintrifft, welterfüllend"*. Der Wagen bringt mit seinem Eintreffen die alte Welt für das Du zum Verschwinden, indem er sie ganz ausfüllt. Das Du gewinnt durch diese Aufnahme in den Wagen ein neues Dasein, das jedoch nicht als bloße Ankunft an einem Ort der endgültigen Ruhe vorgestellt wird. Vielmehr verbindet sich in ihm unbedingtes „kindliches" Vertrauen mit dem Hochgefühl eines Reisenden, der sich um Wege und Ziele nicht mehr zu sorgen braucht. – Damit wollen wir die Interpretation dieses parabolischen Textes abbrechen, indem wir uns an ein Wort Kafkas erinnern[18]:

> Wäre nur einer imstande, ein Wort vor der Wahrheit zurückzubleiben, jeder (auch ich in diesem Spruch) überrennt sie mit hunderten.

---

[17] „Erzählungen" S. 169 f.; sie folgt in der Sammlung „Ein Landarzt" auf „Das nächste Dorf".
[18] „Hochzeitsvorbereitungen", S. 360.

Kafka, Franz: Das Urteil und andere Erzählungen. Fischer-Bücherei 19, Frankfurt/M. 1952, zitiert nach der Auflage 1966 (Seiten)

Kafka, Franz: Erzählungen, hrsg. Max Brod, New York–Frankfurt/M. 1952, zit.: E ...

Kafka, Franz: Hochzeitsvorbereitungen auf dem Lande und andere Prosa aus dem Nachlaß, hrsg. Max. Brod, New York–Frankfurt/M. 1953, zit.: H ...

Kafka, Franz: Tagebücher 1910–1923, hrsg. Max Brod, New York–Frankfurt/M. 1951, zit.: T ...

Kafka, Franz: Briefe 1902–1924, hrsg. Max Brod, New York–Frankfurt/M. 1958, zit.: B ...

Kafka, Franz: Briefe an Milena, hrsg. Willy Haas, New York–Frankfurt/M. 1952, zit.: Br. Milena ...

Kafka, Franz: Hrsg. von Erich Heller und Joachim Beug. Heimeran/S. Fischer, München 1969 (Reihe: Dichter über ihre Dichtungen)

Janouch, Gustav: Gespräche mit Kafka, 1951, auch Fischer-Bücherei 417, zit.: Janouch ...

Järv, Harry: Die Kafka-Literatur. Eine Bibliographie. Malmo-Lund 1961, zit.: Järv ...

Wagenbach, Klaus: Franz Kafka in Selbstzeugnissen und Bilddokumenten. rowohlts monographien 91, 31.–43. Tsd., Reinbeck bei Hamburg 1966, zit.: Wagenbach ...

Baumer, Franz: Franz Kafka. Sieben Prosastücke, ausgewählt und interpretiert, München 1965, zit.: Baumer ...

Beißner, Friedrich: Der Erzähler Franz Kafka. Stuttgart 1952

Binder, Hartmut: Kafkas literarische Urteile. Ein Beitrag zu seiner Typologie und Ästhetik. In: Z. f. Dt. Phil. 2/86 1967, 211–249, zit.: Binder ...

Born, Jürgen: Vom „Urteil" zum „Prozeß". Zu Kafkas Leben und Schaffen in den Jahren 1912–1914. In: Z. f. Dt. Phil. 2/86 1967, 186–196

Born, Jürgen: Franz Kafka und Felice Bauer. Ihre Beziehung im Spiegel des Briefwechsels 1912–1917. In: Z. f. Dt. Phil. 2/86 1967, 176–186, zit.: Born ...

Braun, Günther: Franz Kafkas Aphorismen: humoristische Meditation der Existenz, in: Der Deutschunterricht 3/1966, 107–118, zit.: Braun ...

Briefe Franz Kafkas an Felice Bauer und Grete Bloch, 1967, S. Fischer, Frankfurt/M.

Brod, Max: Franz Kafka. Biographie. Frankfurt/M. 1954, zit.: Brod...
Canetti, Elias: Der andere Prozeß. Kafkas Briefe an Felice. (I. Teil) In: Neue Rundschau, II/1968, 185–220
Edel, Edmund: Franz Kafkas: Das Urteil, in: Wirkendes Wort 1959/4, 216–225, zit.: Edel...
Emrich, Wilhelm: Die Erzählkunst des 20. Jahrhunderts und ihr geschichtlicher Sinn, in: Deutsche Literatur in unserer Zeit, Göttingen 1959, zit.: Emrich Erz.kunst...
Falke, Rita: Biographisch-literarische Hintergründe von Kafkas „Urteil", in: Germ. Rom. Monatsschrift 1960/2
Fingerhut, Karl-Heinz: Die Funktion der Tierfiguren im Werke Franz Kafkas. Offene Erzählgerüste und Figurenspiele. H. Bouvier Verlag, Bonn 1969 (Abhandlungen zur Kunst-, Musik- und Literaturwissenschaft, Band 89)
Gibian, George: Dichtung und Wahrheit: Three Versions of Reality in Franz Kafka, in: German Quaterly 1957, 20–31, zit.: Gibian...
Gürster, Eugen: Das Weltbild Franz Kafkas, in: Hochland 1952, 326 ff., zit.: Gürster...
Haeger, Klaus Albrecht: Anthropologisches zum Problem des Symbols, in: Pädagogische Provinz 1958/7–8, 368–372, zit.: Haeger...
Hartung, Rudolf: Die Gestalt des Vaters in der modernen Literatur, in: Eckart 1953, 221–227, zit.: Hartung...
Heller, Erich: Kafkas wahrer Wille. Zu seinen Briefen an die Verlobte. In: Merkur 7/1967, 622-641
Henel, Ingeborg C.: Die Deutbarkeit von Kafkas Werken, in: Z. f. Dt. Phil. 2/86 1967, 250–266, zit.: Henel...
Hillmann, Heinz: Franz Kafka. Dichtungstheorie und Dichtungsgestalt, Bonn 1964, zit.: Hillmann...
Kassel, Norbert: Das Groteske bei Franz Kafka. Wilhelm Fink Verlag, München 1969
Kobs, Jörgen: Kafka. Untersuchungen zu Bewußtsein und Sprache seiner Gestalten. Hrsg. von Ursula Breck. Athenäum Verlag, Bad Homburg v. d. H. 1970
Mautz, Kurt: Mythologie und Gesellschaft im Expressionismus. Die Dichtung Georg Heyms, Frankfurt/M. 1961, zit.: Mautz...
Pasley, Malcolm: Kafka, Die Sorge des Hausvaters, in: Akzente 1966/4, 303–309, zit.: Pasley...
Politzer, Heinz: Franz Kafkas letter to his father, in: The Germanic Review 1953, 165–179, zit.: Politzer Letter...
Politzer, Heinz: Franz Kafka, der Künstler. Frankfurt/M. 1965, zit.: Politzer...
Raabe, Paul: Franz Kafka und der Expressionismus, in: Z. f. Dt. Phil. 86/2 1967, 161–175, zit.: Raabe...

Rehfeld, Werner: Das Motiv des Gerichts im Werke Franz Kafkas. Zur Deutung des „Urteils", der „Strafkolonie", des „Prozesses". Phil. Diss. Frankfurt/M. 1960, zit.: Rehfeld ...

Schillemeit, Jost: Zum Wirklichkeitsproblem der Kafka-Interpretation, in: DVjs. 1966/4, 578–596, zit.: Schillemeit ...

Sokel, Walter H.: Franz Kafka – Tragik und Ironie. Zur Struktur seiner Kunst, München 1964, zit.: Sokel ...

Sokel, Walter H.: Das Verhältnis der Erzählperspektive zu Erzählgeschehen und Sinngehalt in „Vor dem Gesetz", „Schakale und Araber" und „Der Prozeß". Ein Beitrag zur Unterscheidung von „Parabel" und „Geschichte" bei Kafka, in: Z. f. Dt. Phil. 2/86 1967, 267–300, zit.: Sokel Erz. ...

Walser, Martin: Beschreibung einer Form, München 1961, zit.: Walser ...

White, John J.: Franz Kafka's „Das Urteil" – an Interpretation, in: DVjs. 1964/2, 208–229, zit.: White ...

Zimmermann, Werner: Deutsche Prosadichtung unseres Jahrhunderts. Interpretationen für Lehrende und Lernende. Band I, Düsseldorf 1966, darin 189–209, zit.: Zimmermann ...

Reihe
ANALYSEN zur deutschen Sprache und Literatur

Begründet von Rupert Hirschenauer und Albrecht Weber, fortgeführt von Bernhard Sowinski und Helmut Schwimmer

Das Volksstück
Gerhard Müller
(in Vorbereitung)

Experimentelle Prosa der Gegenwart
Bodo Heimann

Filmanalyse
Adam/Schaaf/Silbermann
(in Vorbereitung)

Peter Handke
Günter Heintz

Friedrich Schiller, Der Verbrecher aus verlorener Ehre
Gerhard Köpf
(in Vorbereitung)

Trivialliteratur 1
Trivialliteratur 2
Helmut Melzer

Karl Valentin
Helmut Schwimmer

Werbeanzeigen und Werbesendungen
Bernhard Sowinski

Reihe
STUDIENTEXTE für die Kollegstufe

Herausgeber: Helmut Popp

Der Bestseller

Autor und Vermittler
Hauptfaktoren des literarischen Lebens I

Die Rolle des Lesers
Hauptfaktoren des literarischen Lebens II

Theater und Publikum

R. Oldenbourg Verlag GmbH, München